Printed in the USA
CPSIA information can be obtained
at www.ICGtesting.com
JSHW052019140824
68134JS00027B/2558

By Dina Maiben

Project Editor: Terry S. Kaye
Editorial Consultant: Judith Sandman
Book and Cover Design: Daniella Kirsch
Illustrations: Bob Depew, Daniel Griffo, Pamela Hamilton, Marc Monés, Curt Walstead

Springfield, New Jersey
www.behrmanhouse.com
ISBN: 978-0-87441-920-7
Manufactured in the United States of America

Contents

OFF TO THE RIGHT START

Hebrew Words I Know

Read these words out loud to a partner. Then draw a line to connect each word to its matching picture.

מֶלֶךְ	תּוֹרָה
טַלִּית	נֵר
מִיץ	מִשְׁפָּחָה
מְזוּזָה	בְּרָכָה
בֵּיצָה	הַבְדָּלָה
קִדּוּשׁ	סֻכָּה
יַיִן	שׁוֹפָר
אָלֶף	גֶּשֶׁם

Count off 1-2-3 to create three groups. Each member of the group selects one of the words and takes turns acting it out while their group tries to guess the word.

Reading Reminder 

Sometimes a dot inside a letter changes its sound, and sometimes it does not. Circle the pairs of letters that make the same sound.

בּ/ב   דּ/ד   תּ/ת   יּ/י   צּ/צ   מּ/מ   גּ/ג   פּ/פ

סּ/ס   זּ/ז   לּ/ל   טּ/ט   קּ/ק   נּ/נ   כּ/כ

Does the letter ה make a "h" sound or is it part of the vowel in the words below? Put a check in the correct column.

part of the vowel	makes a "h" sound	
		1. מוֹדָה
		2. הַיוֹם
		3. מוֹדֶה
		4. וְהִגִּיעָנוּ
		5. שֶׁהֶחֱזַרְתָּ

Yakkety Yak!

Does the letter י make a "y" sound or is it part of the vowel in the words below? Put a check in the correct column.

part of the vowel	makes a "y" sound	
		1. מִיָּד
		2. מִידָה
		3. יָצָא
		4. וְקַיָּם

Put It Together

Choose a partner. Together or one at a time, read the word parts and then the whole words in the boxes below.

4

לִי לָה

לַיְלָה

לַיְלָה

3

מִצ וָה

מִצְוָה

מִצְוָה

2

מַב דִיל

מַבְדִיל

מַבְדִיל

1

דְּב רֵי

דִּבְרֵי

דִּבְרֵי

Stop and Go

Sometimes ⃞ has no sound. It tells you to **STOP**. See the (circled) example below.

Sometimes ⃞ makes a short "uh" sound. It lets you **GO**. See the example with the ⃞ box ⃞ below.

Count off 1-2-3-4 to create four teams. As a team, practice the words on your line. One team at a time, say the first word on your line, then the second, and so on.

1. (מִצְוָה) צְדָקָה מִצְוָה וְצִוָּנוּ

2. בְּרָכָה בְּרָכוֹת יִשְׂרָאֵל דִּבְרֵי

3. רוֹמְמוּ מְזוּזָה מַבְדִּיל הַלְלוּיָה

4. בְּחֶמְלָה לִקְבֹּעַ בְּדִבְרֵי נִשְׁתַּנָּה

Speed Reading

How many words can you read in one minute? Ask a partner to time you. If you make a mistake, your partner should try to correct you, then you read that word again and continue. Write down your score. Then time your partner's reading. Each person has three tries, starting with line 1 each time.

# of Words I Can Read in One Minute

1st Try	2nd Try	3rd Try
________	________	________

1. בֵּין יוֹם הַזֶּה כֻּלָּם נֶפֶשׁ
2. אֱמֶת צִיּוֹן אֲשֶׁר קֹדֶשׁ רָצוֹן
3. חַי טוֹב חָמֵץ גִּבּוֹר פְּתַח
4. שַׁלְוָה מַעֲשֵׂה תִּתְבָּרַךְ לְפָנֶיךָ מַלְכוּתוֹ
5. בְּדִבְרֵי וְצִוָּנוּ לַעֲסוֹק מַחֲלִיף מַטְבִּילִין

Fantastic Phrases

Stand up. Read each word on the right side. Then blend the words together into smooth phrases while you draw an arch through the air.

אֲשֶׁר + קִדְּשָׁנוּ + בְּמִצְוֹתָיו = אֲשֶׁר קִדְּשָׁנוּ בְּמִצְוֹתָיו

שֶׁעָשָׂה + נִסִּים + לַאֲבוֹתֵינוּ = שֶׁעָשָׂה נִסִּים לַאֲבוֹתֵינוּ

אָנוּ + אוֹכְלִין + חָמֵץ + וּמַצָּה = אָנוּ אוֹכְלִין חָמֵץ וּמַצָּה

4 IN A ROW

Play this game with a partner. Take turns reading the Hebrew word in any box below. If you read the word correctly, lightly mark an X or an O in pencil in that box. The first to get four boxes in a row across, down, or diagonally is the winner.

מְזוּזָה	מְזוֹנוֹת	וְקִיְּמָנוּ	אֱמוּנָתֶךָ	וְקַיָּם
לְחוֹל	וְצִוָּנוּ	שֶׁהֶחֱיָנוּ	הַשְּׁבִיעִי	חַי
בָּשָׂר	הַלַּיְלָה	בְּמִצְוֹתָיו	בְּחֶסֶד	מַטְבִּילִין
אֲפִילוּ	הִנְחַלְתָּנוּ	קֹדֶשׁ	זִכָּרוֹן	בְּשָׁמַיִם
מִצְרַיִם	נִשְׁמָתִי	מְסֻבִּין	הַכֹּל	בְּרִיּוֹתָיו

Dot, Dot, Dot

Sometimes a dot inside a letter changes the letter's sound (ב and בּ, כ and כּ). Often it does not, as in the words below. Read each word aloud. Then circle the words on each line that sound the same.

1. מַצָּה מָצָא מֵצַח
2. אַתָּה עַתִּי אָתָה
3. קִנְאָה קַנָּא קָנָה

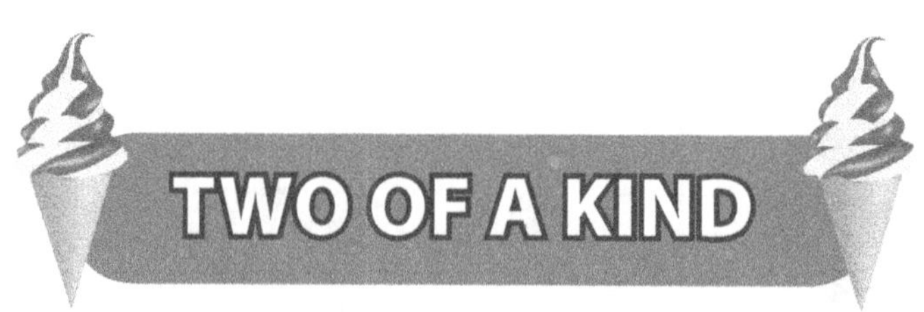

TWO OF A KIND

Say the sounds of the letters on each line. Then circle the two identical letters on each line. The first example has been done for you.

ס	ע	ק	(בּ)	פ	צ	פּ	כּ	ח	(בּ)	.1
ך	צ	ע	ק	ר	נ	ד	ג	ר	ו	.2
כּ	ע	ד	ו	ת	ה	צ	כ	ר	ת	.3
מ	שׁ	ם	ט	פ	שׁ	ן	ו	מ	בּ	.4
ם	ס	צ	ע	ט	פ	ץ	צ	ז	ו	.5
ץ	ן	ו	ס	ם	נ	ו	ט	שׁ	ז	.6
ה	ד	ף	ק	פ	צ	ה	ת	ם	ס	.7

Reading Riddle

On what day might you wear a טַלִּית and read from the תּוֹרָה? Write the letter you circled on each line above in the numbered spaces below.

_____ _____ _____ _____ — _____ _____
7 6 5 4 2 1

_____ _____ _____ _____ — _____ _____
7 6 5 4 3 1

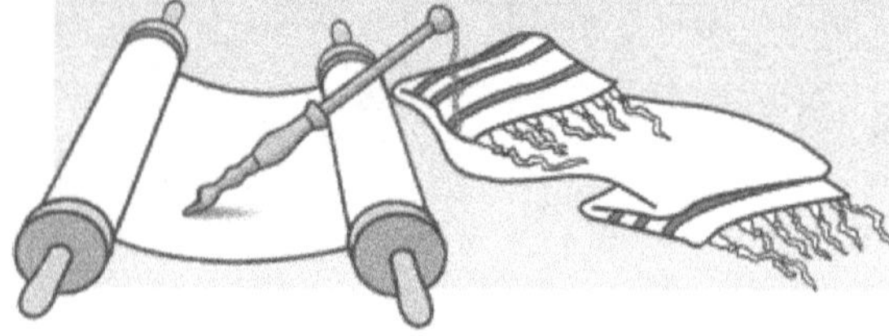

Word Building

With a partner, choose a line. Practice your line together then read it aloud.

1. בֵּן   בֶּן-אָדָם   בָּנִים   בְּנֵי   בְּנֵי-יִשְׂרָאֵל
2. יָצָא   יוֹצֵא   יְצִיאָה   יְצִיאַת   לִיצִיאַת
3. מִצְוָה   מִצְוֹת   מִצְוֹתָיו   בְּמִצְוֹתָיו   בְּמִצְוֹתֶיךָ
4. צִוָּה   וְצִוָּה   וְצִוָּנוּ   מְצַוֶּה   מְצַוְּךָ

Root for the Home Team

Divide into teams. Each team should choose 2 to 3 lines and read them aloud together. Then repeat with different lines. After reading, as a team determine the three root letters for each word group and write them on the blank lines. The first example has been done for you.

1. בָּרוּךְ   בָּרְכוּ   בָּרְכֵנוּ   הַמְבֹרָךְ   <u>ב</u> <u>ר</u> <u>כ</u>
2. מֶלֶךְ   יִמְלֹךְ   מַלְכוּת   מַלְכָּה   ___ ___ ___
3. שָׁלוֹם   מְשֻׁלָּם   שְׁלֵמָה   שְׁלֵמוּת   ___ ___ ___
4. קָדוֹשׁ   מְקַדֵּשׁ   נְקַדֵּשׁ   קִדְּשָׁנוּ   ___ ___ ___
5. אַהֲבָה   אוֹהֵב   וְאָהַבְתָּ   אֲהַבְתָּנוּ   ___ ___ ___
6. גָּדוֹל   גַּדְּלוּ   הַגְּדֻלָּה   יִתְגַּדַּל   ___ ___ ___
7. הָרַחֲמָן   רַחֲמִים   מְרַחֵם   רַחֲמָנוּת   ___ ___ ___

CHAPTER 1

מוֹדֶה/ מוֹדָה אֲנִי

Loud and Louder

When ◌ְ appears in the middle of a word, it usually has no sound.

When ◌ְ appears under the first letter in a word it makes a short "uh" sound.

Count off 1-2-3-4 to create four teams. As a team, practice your line. Read your first word softly then read the next words louder and louder.

1. לִפְנֵי לְפָנֶיךָ חֶמְלָה בְּחֶמְלָה נִשְׁמָתִי
2. כְּבוֹד צְדָקָה מִצְוָה אֲנַחְנוּ חַסְדּוֹ
3. דִּבְרֵי דִּבַּרְתָּ יִשְׁתַּבַּח יִשְׂרָאֵל יְרוּשָׁלַיִם
4. וְקַיָּם מְבֹרָךְ מִזְמוֹר מִשְׁפָּט נְבִיאִים

Tic-Tac-Toe

Play Tic-Tac-Toe with a partner. Begin with the game on the right. Take turns reading a word. If you are correct, lightly write an X or an O in that box.

בְּחֶמְלָה	בִּי	מוֹדֶה
אֲנִי	אֱמוּנָתֶךָ	מֶלֶךְ
מוֹדָה	רַבָּה	וְקַיָּם

וְקַיָּם	מֶלֶךְ	לְפָנֶיךָ
נִשְׁמָתִי	שֶׁהֶחֱזַרְתָּ	אֲנִי
חַי	אֱמוּנָתֶךָ	בְּחֶמְלָה

WHO AM I?

Write in the missing words in each sentence. Then draw a line from each sentence to its matching picture.

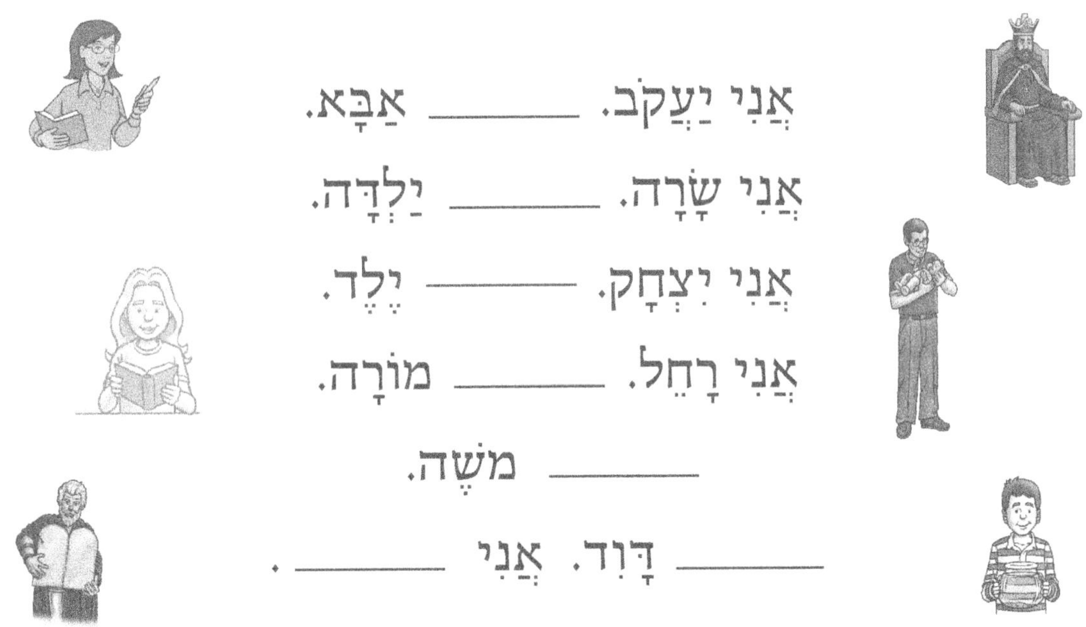

אֲנִי יַעֲקֹב. ______ אַבָּא.
אֲנִי שָׂרָה. ______ יַלְדָּה.
אֲנִי יִצְחָק. ______ יֶלֶד.
אֲנִי רָחֵל. ______ מוֹרָה.
______ מֹשֶׁה.
______ דָּוִד. אֲנִי ______ .

Introduce yourself to your classmates. First use the sentence אֲנִי יֶלֶד or אֲנִי יַלְדָּה. Then use אֲנִי and your first name.

CHAPTER

בְּרָכוֹת/ שֶׁל מִצְוָה/ שֶׁל שַׁבָּת

Reading Reminders

When וֹ follows a ְ or any vowel, remember to say "vo"!
Practice reading these words.

מִצְוֹת   מִצְוֹתָיו   בְּמִצְוֹתָיו   עָוֹן   וְעָוֹן   עֲוֹנוֹת

In the words below, ְ makes a very short "uh" sound.
Practice reading these words.

קִדְּשָׁנוּ   בַּזְּמַן   וְקִיְּמָנוּ   וּבְרָצוֹן   הַשְּׁבִיעִי   שֶׁבְּכָל

Speed Reading

How many words can you read in one minute? Ask a partner to time you. If you make a mistake, your partner should try to correct you, then you read that word again and continue. Write down your score. Then time your partner's reading. Each person has three tries, starting at the beginning each time.

\# of Words I Can Read in One Minute 

1st Try	2nd Try	3rd Try
________	________	________

1. שֶׁל   נֵר   אַתָּה   פְּרִי   לֶחֶם   לְהַדְלִיק
2. הָעֵץ   הָעוֹלָם   הָאָרֶץ   הָאֲדָמָה   בּוֹרֵא   הַגָּפֶן
3. תּוֹרָה   מְזוּזָה   מְזֻזוֹת   מְזוֹנוֹת   הַמּוֹצִיא   בְּשָׁמִים
4. בְּדִבְרֵי   וְצִוָּנוּ   לִקְבֹּעַ   לַעֲסוֹק   בְּמִצְוֹתָיו   קִדְּשָׁנוּ

אֲנִי וְאַתָּה

Fill in the missing words below.

With a partner, create a script of your own using the Hebrew words in the מִלּוֹן above. Act out the dialogue for the class.

I Heard It Through the Grapevine

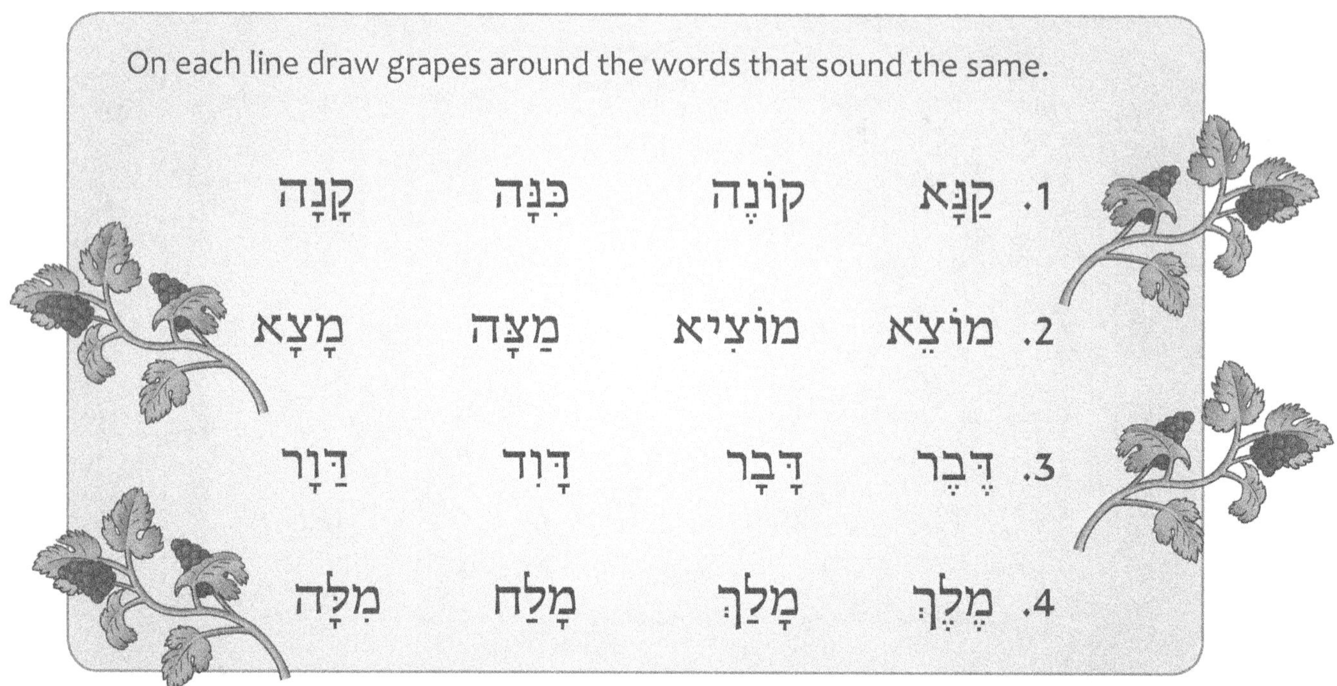

On each line draw grapes around the words that sound the same.

1. קַנָּא קוֹנֶה כִּנָּה קָנָה
2. מוֹצֵא מוֹצִיא מַצָּה מָצָא
3. דֶּבֶר דָּבָר דָּוִד דַּוָּר
4. מֶלֶךְ מָלַךְ מָלַח מִלָּה

תּוֹדָה בִּבְרָכָה

Saying a בְּרָכָה is our way of thanking God for the wonders of our world. We have בְּרָכוֹת for just about everything! Every בְּרָכָה says "thank you" for something different, but begins with the same formula. Write the words of the בְּרָכָה formula in the correct order.

אַתָּה מֶלֶךְ יְיָ בָּרוּךְ הָעוֹלָם אֱלֹהֵינוּ

1. ________________ 2. ________________ 3. ________________

4. ________________ 5. ________________ 6. ________________

PRAYER CROSSWORD PUZZLE

Fill in the correct Hebrew words to complete the puzzle. Do not include the vowels or dots. **Hint:** You can find the words in lessons 2, 3 and 4 in *Kol Yisrael 1.*

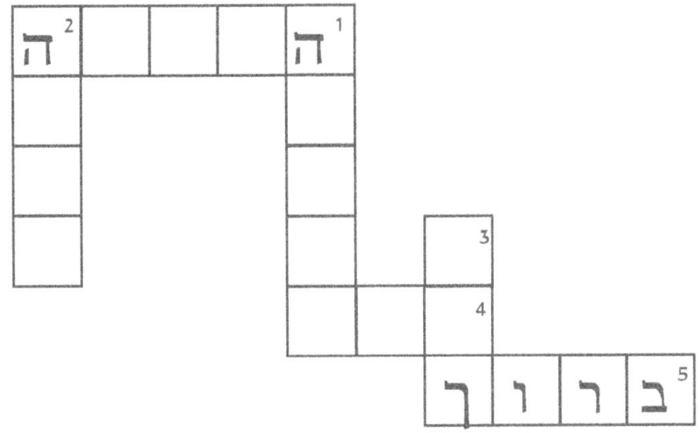

Clues Down

1.

2.

3.

Clues Across

1.

4.

Word Building

With a partner, choose a line. Practice your line together then read it aloud.

1. מֶלֶךְ הַמֶּלֶךְ יִמְלֹךְ מַלְכוּת מַלְכוּתוֹ
2. קַדֵּשׁ מְקַדֵּשׁ קָדוֹשׁ קִדּוּשׁ קִדְּשָׁנוּ
3. צִוָּה וְצִוָּה וְצִוָּנוּ מִצְוֹת מִצְוֹתָיו

READING REBUS

Use this code to write in the missing Hebrew words.

תּוֹרָה = 〔Torah scroll〕   מֶלֶךְ = 〔king〕

מְזוּזָה = 〔mezuzah〕   עוֹלָם = 〔globe〕

בָּרוּךְ אַתָּה יְיָ אֱלֹהֵינוּ _____ הָ _____

אֲשֶׁר קִדְּשָׁנוּ בְּמִצְוֹתָיו וְצִוָּנוּ לִקְבֹּעַ _____ .

בָּרוּךְ אַתָּה יְיָ אֱלֹהֵינוּ _____ הָ _____

אֲשֶׁר קִדְּשָׁנוּ בְּמִצְוֹתָיו וְצִוָּנוּ לַעֲסוֹק בְּדִבְרֵי _____ .

Hold Your Breath!

Read each line without taking a breath.

1. אֲשֶׁר קִדְּשָׁנוּ בְּמִצְוֹתָיו

2. לְהַדְלִיק נֵר שֶׁל שַׁבָּת

3. וְצִוָּנוּ לִקְבּוֹעַ מְזוּזָה

CHAPTER 3

קִדּוּשׁ / הַבְדָּלָה

Reading Reminders

The vowel ָ sometimes makes the וֹ sound. Practice reading these words.

כָּל   מִכָּל   בְּכָל   חָפְשִׁי   קָדְשׁוֹ   קָדְשְׁךָ

In the words below, ְ makes a short “uh” sound.
Practice reading these words.

מְקַדֵּשׁ   בַּזְּמַן   וְקִיְּמָנוּ   וְרָצָה   הַשְּׁבִיעִי   בְּאַהֲבָה

Tic-Tac-Toe

Play Tic-Tac-Toe with a partner. Begin with the game on the right. Take turns reading a word. If you are correct, lightly write an X or an O in that box.

בְּמִצְוֹתָיו	בָחַרְתָּ	לְמִקְרָאֵי
בְּרֵאשִׁית	קָדְשׁוֹ	זֵכֶר
הִנְחַלְתָּנוּ	זִכָּרוֹן	קִדְּשָׁנוּ

וּבְרָצוֹן	וְשַׁבַּת	תְּחִלָּה
קִדֶּשׁ	קָדְשְׁךָ	מְקַדֵּשׁ
הִנְחִילָנוּ	וְרָצָה	לְמַעֲשֵׂה

Form teams and choose one or more line(s) per team. The first team member reads the first word on the line. The second member reads the first and second words, and so on. After the fifth member reads, the team should read the whole line together.

1. הוּא יוֹם תְּחִלָּה לְמִקְרָאֵי קֹדֶשׁ
2. בָּרוּךְ אַתָּה יְיָ מְקַדֵּשׁ הַשַּׁבָּת
3. וְשַׁבָּת קָדְשׁוֹ בְּאַהֲבָה וּבְרָצוֹן הִנְחִילָנוּ
4. כִּי בָנוּ בָחַרְתָּ וְאוֹתָנוּ קִדַּשְׁתָּ
5. וְשַׁבַּת קָדְשְׁךָ בְּאַהֲבָה וּבְרָצוֹן הִנְחַלְתָּנוּ

Word Sleuth: The Case of the Vanishing Vav

The "vo" sound is hiding in fourteen of the words below. Find "vo."

1. Draw a triangle around the words that contain the "o" sound.
2. Circle the words that contain the "v" sound.
3. Draw a box around the words that contain the "vo" sound.
4. Double underline the two words that contain both a "v" and a "vo" sound.

1. צִוָּה מִצְוָה מִצְוַת מַצּוֹת מִצְוֹת
2. וּמִצְוֹת הַמִּצְוָה הַמִּצְוֹת בְּמִצְוֹת בְּמִצְוֹתַי
3. עָוֹן עוֹנָה עֲוֹנָה עַוֹנוֹת עֲוֹנִי
4. וְעָוֹן עֲוֹנֵנוּ מִצְוֹתֶיךָ בְּמִצְוֹתֶיךָ בְּמִצְוֹתָיו

Reading Reminder 

Some dots do double duty. They tell you that the vowel sound is "o" AND whether the letter ש makes a "s" or a "sh" sound. Practice reading these words.

מֹשֶׁה   חֹשֶׁךְ   לְחֹשֶׁךְ   נָשֹׂא   שָׂשֹׂן   נְחֹשֶׁת

Play this game with a partner. Take turns reading the Hebrew word in any box below. If you read the word correctly lightly mark an X or an O in pencil in that box. The first to get four boxes in a row in any direction is the winner.

הָאֵשׁ	יוֹם	חֹשֶׁךְ	לָעַמִּים	מִינֵי
לְחוֹל	יִשְׂרָאֵל	לְחֹשֶׁךְ	הַשְּׁבִיעִי	בֵּין
חֹשֶׁן	קֹדֶשׁ	הַמַּעֲשֶׂה	מְאוֹרֵי	קִדְּשָׁנוּ
קָדְשׁוֹ	אשֶׁר	בְּשָׁמִים	לְמַעֲשֵׂה	שָׂשֹׂן
מְקַדֵּשׁ	לְשֵׁשֶׁת	הַמַּבְדִּיל	קֳדשִׁים	יְמֵי

PICTURE MATCH

Match each sentence to its picture. Then, in groups of three, choose a sentence and act it out for the class. Try to guess each other's sentences.

1. הַיֶּלֶד וְהַכֶּלֶב בַּסֻּכָּה.

2. אַבָּא וְאִמָּא בַּגֶּשֶׁם.

3. אַבָּא וְאִמָּא בַּסֻּכָּה.

YOU'RE AN ARTIST!

Using any of the words above, create your own Hebrew sentence and illustrate it.

CHAPTER 4

בְּרָכוֹת שֶׁל יוֹם טוֹב / מַה נִּשְׁתַּנָּה

Scrambled Phrases

The phrases from the holiday בְּרָכוֹת below are scrambled. Number the words in the correct order. On the line below each phrase write the action you would do after reciting the בְּרָכָה. The first example has been done for you.

1.

קוֹל	וְצִוָּנוּ	שׁוֹפָר	לִשְׁמֹעַ
3	1	4	2

hear the shofar

____

2. עַל וְצִוָּנוּ מָרוֹר אֲכִילַת

____

3. לוּלָב נְטִילַת וְצִוָּנוּ עַל

____

4. אֲכִילַת עַל מַצָּה וְצִוָּנוּ

____

Great Greetings

Match the Hebrew greeting to its proper occasion.

שָׁבוּעַ טוֹב! שַׁבַּת שָׁלוֹם! חַג שָׂמֵחַ! מַזָּל טוֹב!

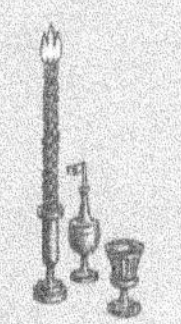

Great Greetings in Action

Form one or more groups of eight. Four people write the Hebrew phrases from “Great Greetings” on page 21, and four people draw pictures to illustrate the phrases. Shuffle the cards. Each member of the group selects a card. Find your match and stand next to each other. Then read your phrases out loud.

Note: If you have fewer than eight people in a group, use fewer phrases! Then reshuffle and play again.

Torch Relay

Every year during חֲנֻכָּה a relay race is held in Israel. The race goes from מוֹדִיעִין (the Maccabees’ home village) to יְרוּשָׁלַיִם. Read the words on each level as you climb the hill while a partner times you. Try to improve your time!

יְרוּשָׁלַיִם

4. בִּזְמַן נִסִּים קִדְּשָׁנוּ נֵר
3. לַזְּמַן הַזֶּה שֶׁהֶחֱיָנוּ חֲנֻכָּה
2. הָהֵם וְצִוָּנוּ וְקִיְּמָנוּ בְּמִצְוֹתָיו אֲשֶׁר
1. לַזְּמַן שֶׁעָשָׂה וְהִגִּיעָנוּ לַאֲבוֹתֵינוּ בַּיָּמִים

מוֹדִיעִין

Word Sleuth: Which Light Is Right?

Study the clues. Then answer the questions that follow.

Clue #1:

בָּרוּךְ אַתָּה, יְיָ אֱלֹהֵינוּ, מֶלֶךְ הָעוֹלָם, אֲשֶׁר קִדְּשָׁנוּ
בְּמִצְוֹתָיו וְצִוָּנוּ לְהַדְלִיק **נֵר שֶׁל שַׁבָּת.**

Clue #2:

בָּרוּךְ אַתָּה, יְיָ אֱלֹהֵינוּ, מֶלֶךְ הָעוֹלָם, אֲשֶׁר קִדְּשָׁנוּ
בְּמִצְוֹתָיו וְצִוָּנוּ לְהַדְלִיק **נֵר שֶׁל יוֹם טוֹב.**

Clue #3:

בָּרוּךְ אַתָּה, יְיָ אֱלֹהֵינוּ, מֶלֶךְ הָעוֹלָם, אֲשֶׁר קִדְּשָׁנוּ
בְּמִצְוֹתָיו וְצִוָּנוּ לְהַדְלִיק **נֵר שֶׁל חֲנֻכָּה.**

1. Write the three bold words in Clue #1. Number the matching picture 1.

____

2. Write the three bold words in Clue #2. Number the matching picture 2.

____

3. Write the three bold words in Clue #3. Number the matching picture 3.

____

Reading Reminder

The vowel ◌ָ sometimes makes the וֹ sound, for example, in this word: כָּל. Practice reading these words.

כָּל מִכָּל בְּכָל שֶׁבְּכָל קָדְשׁוֹ קָדְשְׁךָ

Speed Reading

How many words can you read in one minute? Ask a partner to time you. If you make a mistake, your partner should try to correct you, then you read that word again and continue. Write down your score. Then time your partner's reading. Each person has three tries, starting at the beginning each time.

# of Words I Can Read in One Minute

1st Try	2nd Try	3rd Try
________	________	________

1. מָה מַה זֶה הַזֶּה שְׁתֵּי אוֹכְלִין
2. מִכָּל שֶׁבְּכָל כֻּלּוֹ כֻּלָּנוּ חָמֵץ יוֹשְׁבִין
3. מַצָּה וּמַצָּה הַלַּיְלָה הַלֵּילוֹת מָרוֹר מַטְבִּילִין
4. אֵין בֵּין וּבֵין אֲפִילוּ נִשְׁתַּנָּה יְרָקוֹת
5. פַּעַם פְּעָמִים אָנוּ אֶחָת שְׁאָר מְסֻבִּין

READING REBUS

Use this code to read the rebus.

Big Bonus Question: Write the missing line from מַה נִּשְׁתַּנָּה. Look on page 66 in *Kol Yisrael* 1.

____

____

Mah Nishtanah Dash

Choose a partner, then together choose a row to read. Practice reading together. When it's your turn, stand up and read aloud together to the class.

1. מַה נִשְׁתַּנָּה הַלַּיְלָה הַזֶּה מִכָּל הַלֵּילוֹת
2. שֶׁבְּכָל הַלֵּילוֹת אָנוּ אוֹכְלִין חָמֵץ וּמַצָּה
3. הַלַּיְלָה הַזֶּה כֻּלּוֹ מַצָּה הַלַּיְלָה הַזֶּה
4. שֶׁבְּכָל הַלֵּילוֹת אָנוּ אוֹכְלִין שְׁאָר יְרָקוֹת
5. אֵין אָנוּ מַטְבִּילִין אֲפִילוּ פַּעַם אֶחָת
6. אָנוּ אוֹכְלִין בֵּין יוֹשְׁבִין וּבֵין מְסֻבִּין
7. הַלַּיְלָה הַזֶּה שְׁתֵּי פְעָמִים כֻּלָּנוּ מְסֻבִּין

PASSOVER PANTOMIME

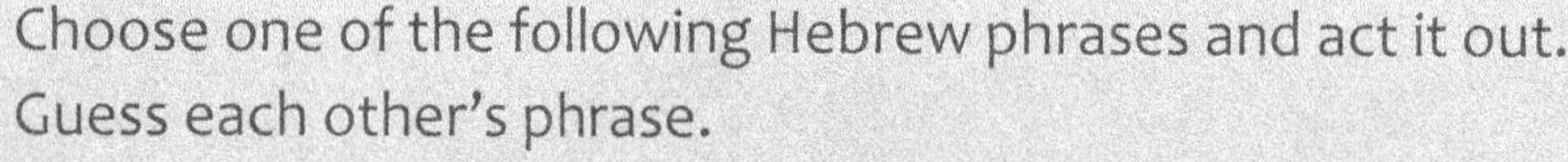

Choose one of the following Hebrew phrases and act it out.
Guess each other's phrase.

1. אָנוּ אוֹכְלִין
2. אָנוּ יוֹשְׁבִין
3. אָנוּ אוֹכְלִין מָרוֹר
4. אָנוּ אוֹכְלִין חָמֵץ וּמַצָּה
5. אָנוּ מַטְבִּילִין שְׁתֵּי פְעָמִים

CHAPTER 5

בִּרְכַּת הַמָּזוֹן

Word Building

Count off 1-2-3-4-5 to form five teams. Team 1 reads line 1 aloud together. Team 2 reads line 2 aloud, and so on. Then switch lines.

1. זָן הַזָּן מָזוֹן הַמָּזוֹן מְזוֹנוֹת
2. אֹכֶל אוֹכֵל אוֹכֶלֶת אֲכִילַת אוֹכְלִין
3. טוֹב טוּבוֹ בְּטוּבוֹ וּבְטוּבוֹ וּמֵטִיב
4. רַחֵם מְרַחֵם רַחֲמִים בְּרַחֲמִים וּבְרַחֲמִים
5. חֶסֶד בְּחֶסֶד חַסְדּוֹ חֲסִידֵי גְּמִילוּת חֲסָדִים

Match It Up

Connect each word to its meaning.

compassion, mercy	1. הַזָּן
(the one) who feeds	2. עוֹלָם
world	3. לֶחֶם
food	4. מָזוֹן
kindness	5. מֵטִיב
brings goodness, improves	6. רַחֲמִים
bread	7. חֶסֶד

WHAT'S FOR DINNER?

מִלוֹן

עוּגָה   אוֹכֵל / אוֹכֶלֶת

בֵּיצָה   לֶחֶם

סָלָט   יְרָקוֹת

הַמְבּוּרְגֶר   דָג

שׁוֹקוֹלָד   פֵּרוֹת

and   -וְ

Read the Hebrew sentences below. Then, on the next page, connect the person to his or her matching food.

1. אַבָּא אוֹכֵל דָג וְסָלָט. אִמָא אוֹכֶלֶת הַמְבּוּרְגֶר, יְרָקוֹת, וְסָלָט.

2. בַּתְיָה אוֹכֶלֶת פֵּרוֹת, בֵּיצָה, וְלֶחֶם. בֶּן אוֹכֵל עוּגָה וְשׁוֹקוֹלָד!

FOOD CONNECTION

Based on the sentences from page 28, connect the person to his or her matching food.

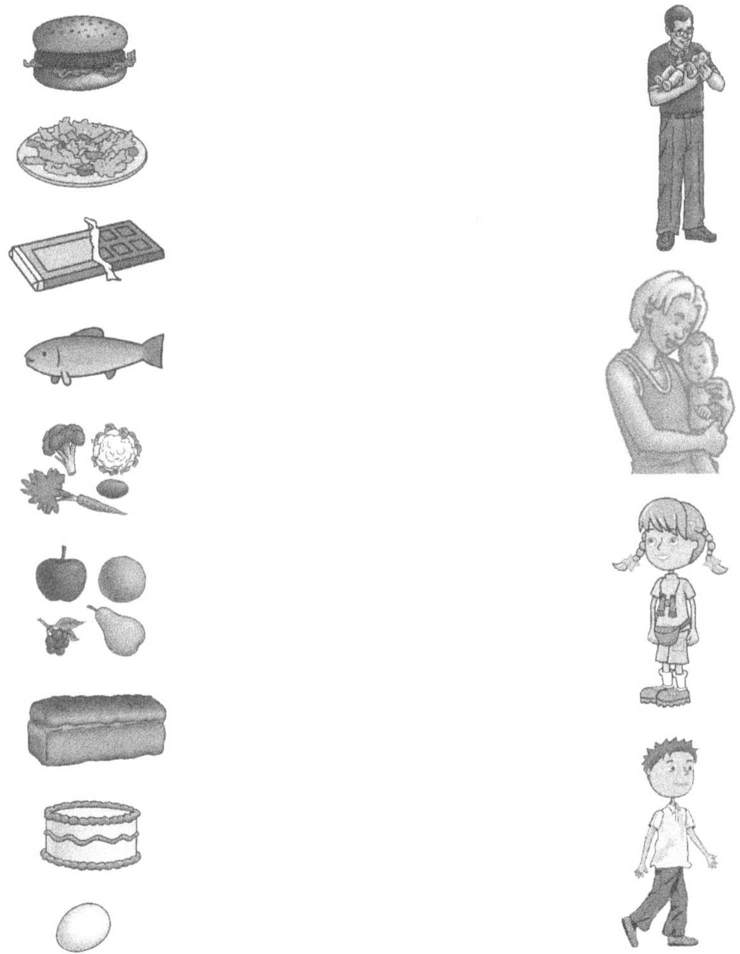

Your teacher will write each Hebrew food word on a card and shuffle the cards. Divide into two teams. The first member of Team 1 selects a card and must draw it while the rest of the team tries to guess the Hebrew word in thirty seconds. If the team cannot guess the word, Team 2 can steal it by guessing it correctly. Then it is Team 2's turn. The team that collects the most cards is the winner.

CHAPTER 6

בָּרְכוּ

Reading Reminder

The vowel ְ in the words below makes a short "uh" sound.
Practice reading the words.

בָּרְכוּ   וּבְטוּבוֹ   הַמְבֹרָךְ   בִּדְבָרוֹ   מְאוֹרֵי   וּבִתְבוּנָה

Play this game with a partner. Take turns reading the Hebrew word in any box below. If you read the word correctly, lightly mark an X or an O in pencil in that box. The first to get four boxes in a row across, down, or diagonally is the winner.

בִּדְבָרוֹ	וּמַחֲלִיף	מְחַדֵּשׁ	אֶת	בָּרְכוּ
צִיּוֹן	מִפְּנֵי	לְעוֹלָם	הַשְּׁבִיעִי	חַי
וָעֶד	סֶלָה	הַמְבֹרָךְ	מְאוֹרֵי	קִדְּשָׁנוּ
וָלַיְלָה	הַמְּאוֹרוֹת	וּבְטוּבוֹ	וּמְסַדֵּר	וְעַל
וּבִתְבוּנָה	כֻּלָּם	יְפָאֲרוּךָ	שֶׁעָשִׂית	הַזְּמַנִּים

CHAPTER 7

יוֹצֵר אוֹר/ מַעֲרִיב עֲרָבִים

Reading Reminders

In the words below, ָ followed by ְ makes the וֹ sound. Practice reading these words.

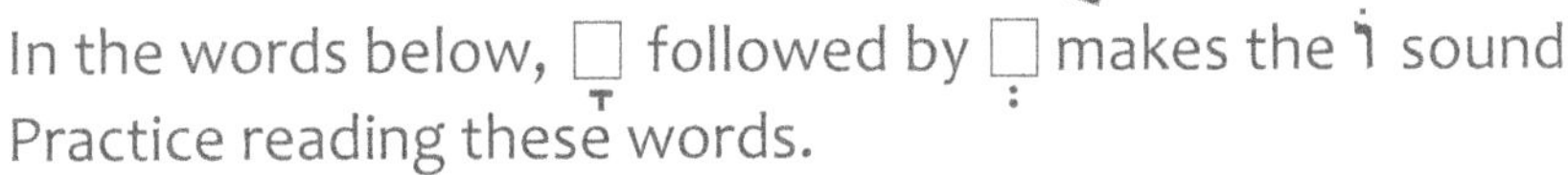

חָכְמָה בְּחָכְמָה חָפְשִׁי קָדְשְׁךָ בְּשָׁכְבְּךָ

Some dots do double duty. They tell you that the vowel sound is "o" AND whether the letter ש makes a "s" or a "sh" sound. Practice reading these words.

משֶׁה חשֶׁן חשֶׁךְ נָשׂא שָׂשׂן נְחשֶׁת

Phrases on the Fly

Divide into groups of three or four. The first person reads the first word on the line. The second person reads the second word, and so on. Then the group blends the phrase smoothly while drawing an arch in the air.

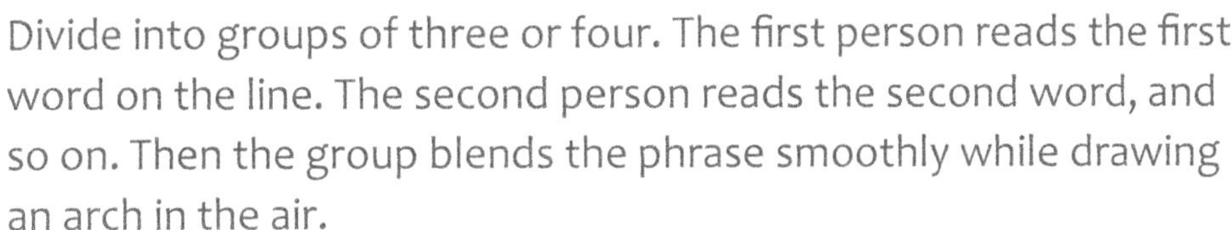

1. כֻּלָּם + בְּחָכְמָה + עָשִׂיתָ = כֻּלָּם בְּחָכְמָה עָשִׂיתָ
2. עֹשֶׂה + שָׁלוֹם + וּבוֹרֵא + אֶת-הַכֹּל = עֹשֶׂה שָׁלוֹם וּבוֹרֵא אֶת-הַכֹּל
3. עַל + שֶׁבַח + מַעֲשֵׂה + יָדֶיךָ = עַל שֶׁבַח מַעֲשֵׂה יָדֶיךָ
4. מַה + רַבּוּ + מַעֲשֶׂיךָ + יְיָ = מַה רַבּוּ מַעֲשֶׂיךָ יְיָ

FROM THE SUN TO THE EARTH

Play this game in a group of three people. Each player in the group selects path 1, 2, or 3. Starting at the שֶׁמֶשׁ take turns reading the words along your path. If you make a mistake, you lose your turn and must return to the beginning. The first player to reach הָאָרֶץ wins.

שֶׁמֶשׁ

3	2	1
יָדֶיךָ	עֹשֶׂה	הַמְּאוֹרוֹת
מְחַדֵּשׁ	חָדָשׁ	מַעֲשֶׂה
הַמֵּאִיר	וְנִזְכֶּה	מַעֲשֶׂיךָ
וּבְטוּבוֹ	שֶׁבַח	אוֹר
עָלֶיהָ	צִיּוֹן	כֻּלָם
קִנְיָנֶךָ	וְלַדָּרִים	וּבוֹרֵא
בְּרַחֲמִים	יוֹצֵר	שֶׁעָשִׂיתָ
תִּתְבָּרַךְ	מְאוֹרֵי	סֶלָה
יְפָאֲרוּךָ	בְּחָכְמָה	חֹשֶׁךְ

הָאָרֶץ

Reading Reminders

At the end of a word, חַ is pronounced "ach."
Practice reading these words.

כֹּחַ מֹחַ רוּחַ תַּפּוּחַ מַבְטִיחַ מַצְלִיחַ שָׂמֵחַ פּוֹתֵחַ

When two ְ ְ come in a row, the first tells you to "Stop!" (it ends the syllable) and the second tells you to "Go!" (it starts the next syllable with a short "uh" sound).

ְ ְ = "Stop, then go!"

Practice reading these words.

יִשְׂמְחוּ מִשְׁפְּחוֹת יִקְרְאוּ נִפְלְאוֹתֶיךָ מִשְׁכְּנוֹתֶיךָ

Word Building

Count off 1-2-3-4-5 to form five teams. Team 1 reads line 1 aloud together. Team 2 reads line 2 aloud, and so on. Then switch lines. After reading, as a team, determine the three root letters for each word group and write them on the blank lines. The first two have been done for you.

					Root letters
1.	עֹשֶׂה	מַעֲשֵׂה	מַעֲשֶׂיךָ	שֶׁעָשִׂיתָ	ע שׂ ה
2.	אוֹר	הַמְּאוֹרוֹת	הַמֵּאִיר	תָּאִיר	א ו ר
3.	עֶרֶב	עֲרָבִים	עַרְבִית	מַעֲרִיב	___ ___ ___
4.	חָדָשׁ	חֹדֶשׁ	חִדּוּשׁ	שֶׁתְּחַדֵּשׁ	___ ___ ___
5.	הֶבְדֵּל	הַבְדָּלָה	וּמַבְדִּיל	לְהַבְדִּיל	___ ___ ___

READING REBUS: NIGHT AND DAY

לָיְלָה אוֹר

כּוֹכָבִים הַמְּאוֹרוֹת

חֹשֶׁךְ יוֹם

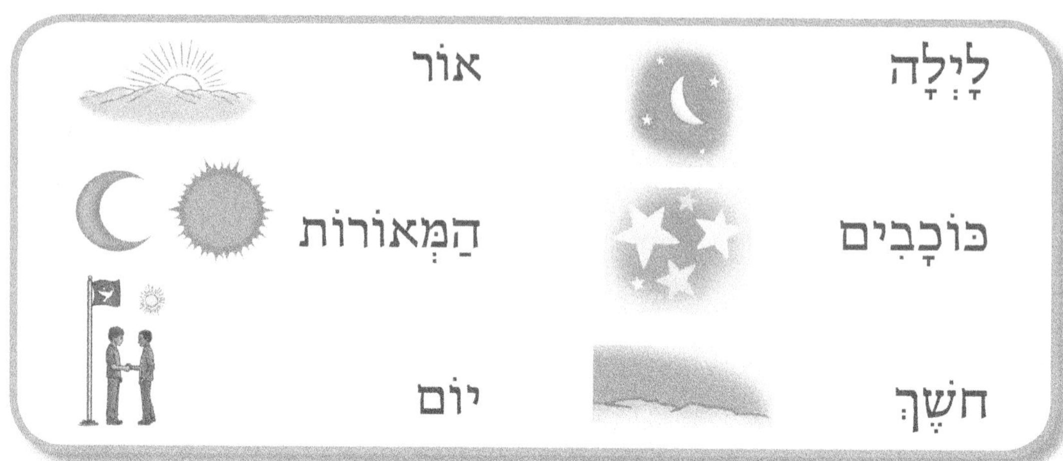

Read the prayer phrases below by saying the word for each picture as you read.

יוֹצֵר וּבוֹרֵא

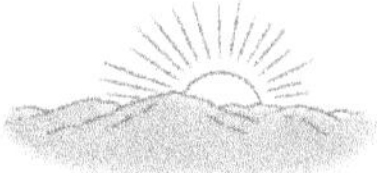

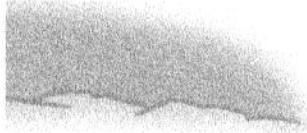

בָּרוּךְ אַתָּה יְיָ יוֹצֵר

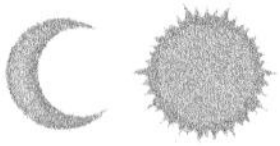

גּוֹלֵל מִפְּנֵי וְ

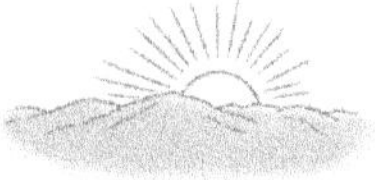

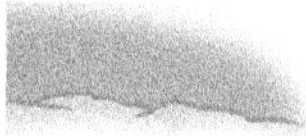

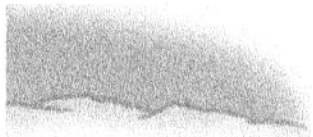

מִפְּנֵי וּמַבְדִּיל בֵּין וּבֵין

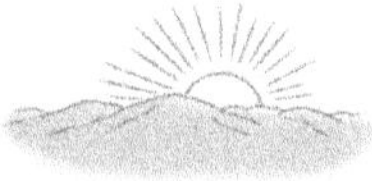

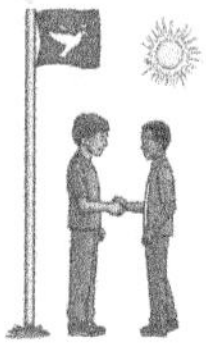

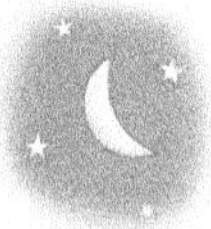

וּמְסַדֵּר אֶת הַ בְּמִשְׁמְרוֹתֵיהֶם בָּרָקִיעַ כִּרְצוֹנוֹ

וּבְטוּבוֹ מְחַדֵּשׁ בְּכָל תָּמִיד מַעֲשֵׂה בְרֵאשִׁית.

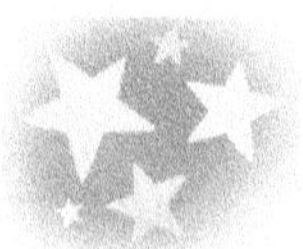

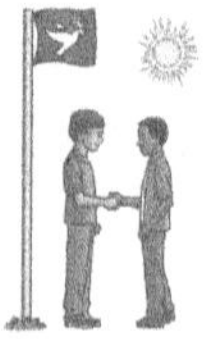

Great Greetings

Draw a line connecting each Hebrew greeting to its occasion.

שָׁבוּעַ טוֹב!

בֹּקֶר טוֹב!

שַׁבָּת שָׁלוֹם!

עֶרֶב טוֹב!

חַג שָׂמֵחַ!

מַזָל טוֹב!

Your teacher will write each of the Hebrew greetings above on cards and shuffle them. Divide into two teams. The first member of Team 1 selects a card and must draw it or act it out while the rest of the team tries to guess the Hebrew greeting in thirty seconds. If the team cannot guess the greeting, Team 2 can steal it by guessing it correctly. Then it is Team 2's turn. The team that collects the most cards is the winner.

CHAPTER 8

שְׁמַע / וְאָהַבְתָּ

Can You Hear Me Now?

Match each word to its picture.

YOU NAME IT!

In Hebrew, how do you ask a girl her name? __________ __________

In Hebrew, how do you ask a boy his name? __________ __________

Practice asking three classmates their names. Use the correct form for a girl or a boy.

Reading Reminders

When two ◌ְ ◌ְ come in a row, the first tells you to "Stop!" (it ends the syllable) and the second tells you to "Go!" (it starts the next syllable).
Practice reading these words.

נַפְשְׁךָ   בְּשִׁבְתְּךָ   וּבְלֶכְתְּךָ   תִּזְכְּרוּ   בְּמִשְׁמְרוֹתֵיהֶם

◌ָ sometimes makes the sound וֹ : כָּל

כָּל   בְּכָל   וּבְכָל   שָׁכְבְּךָ   בְּשָׁכְבְּךָ   וּבְשָׁכְבְּךָ

How many words can you read in one minute? Ask a partner to time you. If you make a mistake, your partner should try to correct you, then you read that word again and continue. Write down your score. Then time your partner's reading. Each person has three tries, starting with line 1 each time.

# of Words I Can Read in One Minute

1st Try	2nd Try	3rd Try
________	________	________

1. וְהָיוּ   תִּזְכְּרוּ   נַפְשְׁךָ   מְזֻזוֹת   לְטֹטָפֹת
2. בַּדֶּרֶךְ   מְצַוְּךָ   מְאֹדֶךָ   בֵּיתֶךָ   בְּבֵיתֶךָ
3. יָדֶךָ   אָנֹכִי   לְבָבְךָ   לְבָנֶיךָ   עַל-לְבָבֶךָ
4. וְאָהַבְתָּ   וְדִבַּרְתָּ   וְשִׁנַּנְתָּם   וּקְשַׁרְתָּם   וּכְתַבְתָּם
5. בְּשִׁבְתְּךָ   וּבְשָׁכְבְּךָ   עֵינֶיךָ   וּבְקוּמֶךָ   וּבִשְׁעָרֶיךָ

HOLIDAY BREAK

Take turns reading the names of the Jewish holidays. Write or draw one way you can celebrate each holiday. חַג שָׂמֵחַ!

1. שַׁבָּת ______________
2. רֹאשׁ הַשָּׁנָה ______________
3. יוֹם כִּפּוּר ______________
4. סֻכּוֹת ______________
5. שִׂמְחַת תּוֹרָה ______________
6. חֲנֻכָּה ______________
7. ט״וּ בִּשְׁבָט ______________
8. פּוּרִים ______________
9. פֶּסַח ______________
10. יוֹם הָעַצְמָאוּת ______________
11. שָׁבוּעוֹת ______________

Learn It by Heart

מִלּוֹן

עִבְרִית	לוֹמֶדֶת	לוֹמֵד
Hebrew	learns (for a girl, woman)	learns (for a boy, man)

Write the number of each sentence below its matching picture. (One picture has two matching sentences).

____

____

____

1. שָׂרָה לוֹמֶדֶת עִבְרִית.
2. אַבָּא לוֹמֵד תּוֹרָה.
3. אָדָם לוֹמֵד עִבְרִית.
4. אִמָּא לוֹמֶדֶת תּוֹרָה.

Select a Hebrew word for something you study:

טֶנִּיס גּוֹלְף מָתֵמָטִיקָה גִּיטָרָה מוּסִיקָה

בֵּיסְבּוֹל הִיסְטוֹרְיָה

Using אֲנִי לוֹמֵד or אֲנִי לוֹמֶדֶת create a new sentence using that word. Act it out for the class while they try to guess your sentence.

V'AHAVTA PICTURE SEARCH

מִלּוֹן

בַּיִת   🏠

לֵב, לֵבָב   ❤️

בָּנִים

יָד ✋

מְזוּזָה

Practice reading the phrases below. Then find the five hidden words that are similar to those in the מִלּוֹן. Draw the matching picture above each of those words.

1. וְשִׁנַּנְתָּם לְבָנֶיךָ

2. וּכְתַבְתָּם עַל-מְזֻזוֹת בֵּיתֶךָ וּבִשְׁעָרֶיךָ

3. וּקְשַׁרְתָּם לְאוֹת עַל-יָדֶךָ

4. בְּכָל-לְבָבְךָ וּבְכָל-נַפְשְׁךָ וּבְכָל-מְאֹדֶךָ

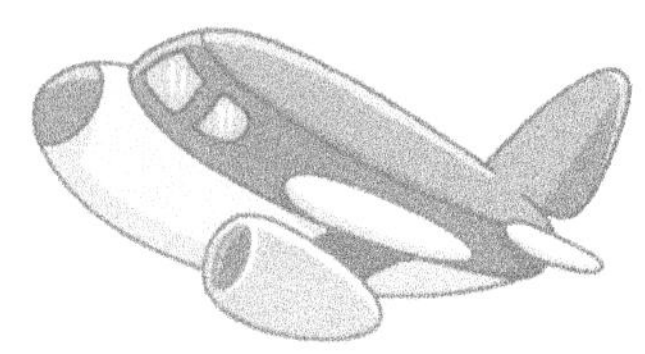

Phrases on the Fly

Divide into small groups. Each group should choose a few lines. The first member of the group reads the first word on the line. The second member reads the second word, and so on. Then the group blends the phrase smoothly while drawing an arch in the air.

1. וְשִׁנַּנְתָּם + לְבָנֶיךָ = וְשִׁנַּנְתָּם לְבָנֶיךָ
2. וּבְלֶכְתְּךָ + בַדֶּרֶךְ = וּבְלֶכְתְּךָ בַדֶּרֶךְ
3. וּבְשָׁכְבְּךָ + וּבְקוּמֶךָ = וּבְשָׁכְבְּךָ וּבְקוּמֶךָ
4. בְּכָל-לְבָבְךָ + וּבְכָל-נַפְשְׁךָ = בְּכָל-לְבָבְךָ וּבְכָל-נַפְשְׁךָ
5. וּבְכָל-נַפְשְׁךָ + וּבְכָל-מְאֹדֶךָ = וּבְכָל-נַפְשְׁךָ וּבְכָל-מְאֹדֶךָ
6. וְהָיוּ + הַדְּבָרִים + הָאֵלֶּה = וְהָיוּ הַדְּבָרִים הָאֵלֶּה
7. וּקְשַׁרְתָּם + לְאוֹת + עַל-יָדֶךָ = וּקְשַׁרְתָּם לְאוֹת עַל-יָדֶךָ
8. וּכְתַבְתָּם + עַל-מְזֻזוֹת + בֵּיתֶךָ = וּכְתַבְתָּם עַל-מְזֻזוֹת בֵּיתֶךָ
9. אֲשֶׁר + אָנֹכִי + מְצַוְּךָ + הַיּוֹם = אֲשֶׁר אָנֹכִי מְצַוְּךָ הַיּוֹם
10. וְאָהַבְתָּ + אֵת + יְיָ + אֱלֹהֶיךָ = וְאָהַבְתָּ אֵת יְיָ אֱלֹהֶיךָ

CHAPTER 9
מִי כָמֹכָה

Tic-Tac-Toe

Play Tic-Tac-Toe with a partner. Begin with the game on the right. Take turns reading a word. If you are correct, lightly write an X or an O in that box.

גֹּאֲלֵנוּ	צְבָאוֹת	שִׁבְּחוּ
שְׂפַת	כִּנְאֻמֶךָ	פֶּלֶא
מִי-כָמֹכָה	בַּקֹּדֶשׁ	תְּהִלֹּת

לִשְׁמְךָ	נוֹרָא	וְהִמְלִיכוּ
חֲדָשָׁה	נֶאְדָּר	עֹשֵׂה
וּפְדֵה	גְּאוּלִים	בְּעֶזְרַת

Values Match

Connect the prayer to its matching value.

feeling grateful before you enjoy a food or special event

feeling grateful for our freedom

worshipping one God

loving God

feeling grateful after a meal you have just eaten

1. וְאָהַבְתָּ
2. בִּרְכַּת הַמָּזוֹן
3. בְּרָכוֹת
4. שְׁמַע
5. מִי כָמֹכָה

WE'VE GOT RHYTHM

The Torah tells us that the Israelites sang and danced after they crossed the Sea of Reeds to safety when they fled Egypt. Miriam, Moses' sister, led the celebration by playing her תֹּף (drum). As you read the words use two pencils to tap out the rhythm on the drums below them.

מִי כָמֹכָה בָּאֵלִם יְיָ?

מִי כָּמֹכָה נֶאְדָּר בַּקֹּדֶשׁ,

נוֹרָא תְהִלֹּת עֹשֵׂה פֶלֶא?

יְיָ יִמְלֹךְ לְעוֹלָם וָעֶד.

When the leader calls out a letter (column) and a number (row), the class reads the corresponding word. *Variation*: Play in small groups.

	א	בּ	ג	ד	ה
.1	שִׁירָה	לְשִׁמְךָ	וְיִשְׂרָאֵל	חֲדָשָׁה	צוּר
.2	קוּמָה	כֻּלָּם	צְבָאוֹת	וְאָמְרוּ	עַל
.3	פֶלֶא	הוֹדוּ	גֹּאֲלֵנוּ	יְהוּדָה	וָעֶד
.4	נוֹרָא	עֹשֵׂה	כִּנְאֻמֶךָ	שִׁבְּחוּ	הַיָּם
.5	גָּאַל	שְׂפַת	וְהִמְלִיכוּ	יִשְׂרָאֵל	שְׁמוֹ

Who Is Where?

מִלּוֹן
מוֹרֶה
מוֹרָה
תַּלְמִיד
תַּלְמִידָה
הַ- the
בַּ- in the
עַל on
כִּתָּה class

Check the questions and sentence(s) that describe each picture.

☐ מִי עַל הַבִּימָה?

☐ מִי בַּכִּתָּה?

☐ הַמּוֹרָה בַּכִּתָּה.

☐ אַבָּא עַל הַבִּימָה.

☐ הַמּוֹרֶה בַּכִּתָּה.

☐ מִי עַל הַבִּימָה?

☐ מִי בַּכִּתָּה?

☐ אַבָּא עַל הַבִּימָה.

☐ אִמָּא עַל הַבִּימָה.

☐ הַמּוֹרָה בַּכִּתָּה.

☐ מִי עַל הַבִּימָה?

☐ מִי בַּכִּתָּה?

☐ אִמָּא עַל הַבִּימָה.

☐ אַבָּא עַל הַבִּימָה.

☐ הַמּוֹרֶה בַּכִּתָּה.

☐ מִי בַּכִּתָּה?

☐ מִי עַל הַבִּימָה?

☐ הַתַּלְמִידָה בַּכִּתָּה.

☐ הַתַּלְמִיד בַּכִּתָּה.

☐ הַמּוֹרָה בַּכִּתָּה.

CHAPTER 10

אָבוֹת וְאִמָּהוֹת

Word Building

Count off 1-2-3-4-5 to form five teams. Team 1 reads line 1 aloud together. Team 2 reads line 2 aloud, and so on. Then switch lines. After reading, as a team determine the three root letters for each word group and write them on the blank lines.

1. מֶלֶךְ מָלַךְ יִמְלֹךְ מַלְכוּת מַלְכוּתְךָ ___ ___ ___
2. גָּאַל גּוֹאֵל גְּאֻלָּה גְּאוּלִים גֹּאֲלֵנוּ ___ ___ ___
3. זֵכֶר זוֹכֵר וְזוֹכֵר וְזָכוֹר זִכָּרוֹן ___ ___ ___
4. חֶסֶד בְּחֶסֶד חֲסָדִים חַסְדֵי בְּחַסְדְּךָ ___ ___ ___
5. אַהֲבָה אוֹהֵב וְאָהַבְתָּ אַהֲבָה בְּאַהֲבָה ___ ___ ___

חַסְדֵי אָבוֹת וְאִמָּהוֹת

Our families are an important influence on us. List three qualities or personality traits that you get from members of your family and how you behave as a result.

Quality	Which family member I get this quality from	How I behave as a result of having this quality
1.		
2.		
3.		

Family Ties

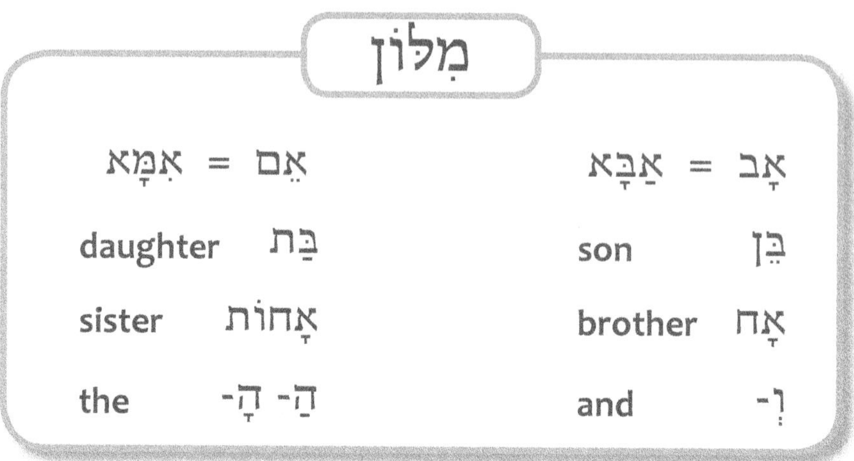

מִלּוֹן

אָב	= אַבָּא	אֵם	= אִמָּא
בֵּן	son	בַּת	daughter
אָח	brother	אָחוֹת	sister
וְ-	and	הַ- הָ-	the

Study the family tree of Judaism's "first family" on page 52 of *Kol Yisrael* 2, then complete the crossword puzzle. Do not use vowels. The first one has been done for you.

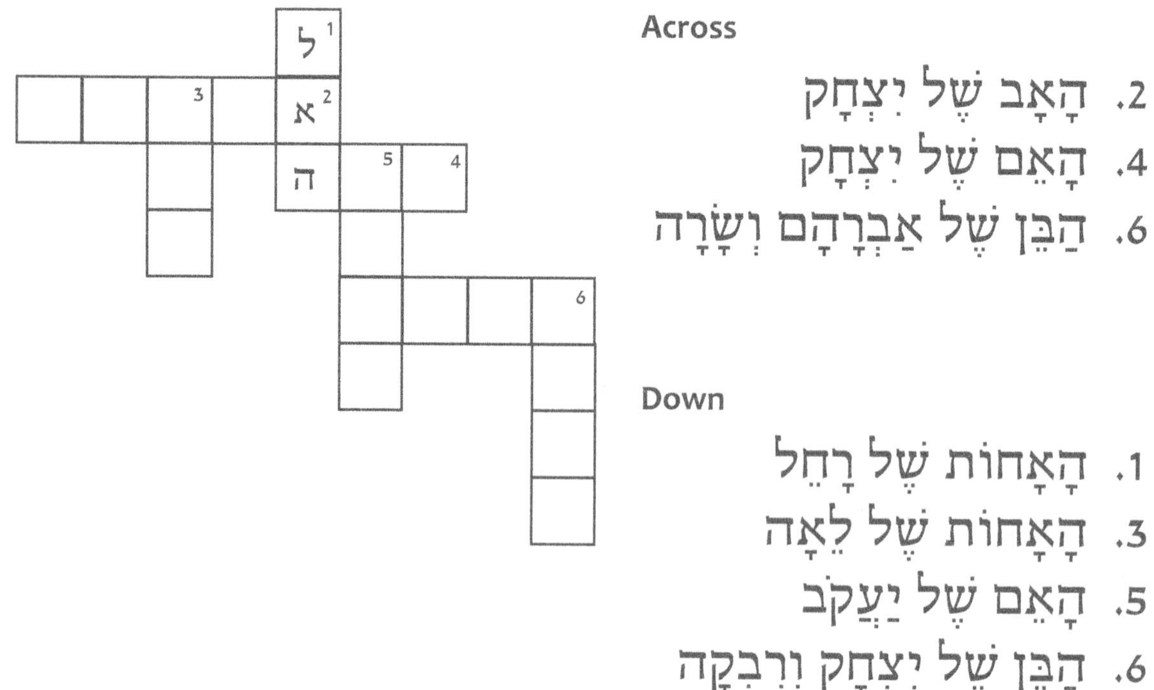

Across

2. הָאָב שֶׁל יִצְחָק
4. הָאֵם שֶׁל יִצְחָק
6. הַבֵּן שֶׁל אַבְרָהָם וְשָׂרָה

Down

1. הָאָחוֹת שֶׁל רָחֵל
3. הָאָחוֹת שֶׁל לֵאָה
5. הָאֵם שֶׁל יַעֲקֹב
6. הַבֵּן שֶׁל יִצְחָק וְרִבְקָה

YOU'RE AN ARTIST

Draw three generations of your own family tree. Label the people using words from the top of page 46. You can also use your own name and the words סַבָּא (grandfather) and סַבְתָּא (grandmother).

Scrambled Phrases

Number the words in the correct order to unscramble each phrase. Then read each phrase aloud.

1. בְּנֵיהֶם   לִבְנֵי
   2   1

2. שְׁמוֹ   בְּאַהֲבָה   לְמַעַן

3. טוֹבִים   גּוֹמֵל   חֲסָדִים

4. וּמָגֵן   עוֹזֵר   מֶלֶךְ   וּמוֹשִׁיעַ

5. וֵאלֹהֵי   וְאִמּוֹתֵינוּ   אֲבוֹתֵינוּ

CHAPTER 11

גְּבוּרוֹת

Reading Reminders

The ◌ְ vowel in the words below makes a short "uh" sound.
Practice reading the words.

וּמְחַיֶּה וּמְקַיֵּם לִבְנֵי שִׁמְךָ מִמְּקוֹמוֹ בִּשְׁמֵי וּלְנֵצַח

At the end of a word, חַ is pronounced "ach." Practice reading the words.

שָׂמֵחַ לְשַׁבֵּחַ נִזְבֵּחַ רוּחַ הָרוּחַ מַצְמִיחַ וּמַצְמִיחַ

Play this game with a partner. Take turns reading the Hebrew word in any box below. If you read the word correctly, lightly mark an X or an O in pencil in that box. The first to get four boxes in a row across, down, or diagonally is the winner.

גִּבּוֹר	מַשִּׁיב	לְהוֹשִׁיעַ	נוֹפְלִים	אֲדֹנָי
הַמֵּתִים	הָרוּחַ	וּמְחַיֶּה	לִישֵׁנֵי	עָפָר
כָמוֹךָ	וְנֶאֱמָן	מְכַלְכֵּל	בְּרַחֲמִים	וּמוֹרִיד
בַּעַל	חַיִּים	וּמַצְמִיחַ	אֱמוּנָתוֹ	הַכֹּל
לְהַחֲיוֹת	סוֹמֵךְ	וּמְקַיֵּם	יְשׁוּעָה	גְּבוּרוֹת

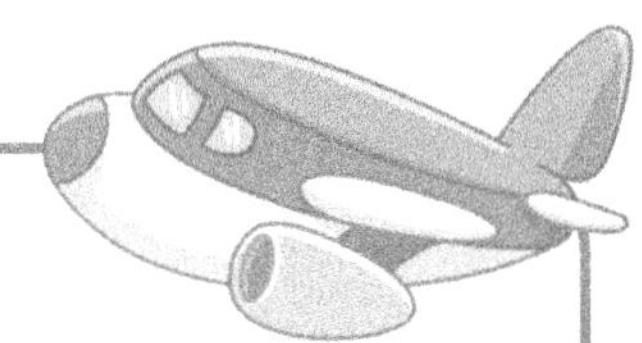

Phrases on the Fly

Divide into groups of two, three, or four. The first member reads the first word on the line. The second member reads the second word, and so on. Then the group blends the phrase smoothly while drawing an arch in the air.

1. מַשִׁיב + הָרוּחַ + וּמוֹרִיד + הַגָּשֶׁם = מַשִׁיב הָרוּחַ וּמוֹרִיד הַגָּשֶׁם
2. מְכַלְכֵּל + חַיִּים + בְּחֶסֶד = מְכַלְכֵּל חַיִּים בְּחֶסֶד
3. סוֹמֵךְ + נוֹפְלִים + וְרוֹפֵא + חוֹלִים = סוֹמֵךְ נוֹפְלִים וְרוֹפֵא חוֹלִים
4. וּמַתִּיר + אֲסוּרִים = וּמַתִּיר אֲסוּרִים
5. מֶלֶךְ + מֵמִית + וּמְחַיֶּה = מֶלֶךְ מֵמִית וּמְחַיֶּה

אֵיזֶהוּ גִבּוֹר?

Write the number of each phrase to the right of its matching picture. You can use page 61 in *Kol Yisrael 2* to help you.

Work in Progress

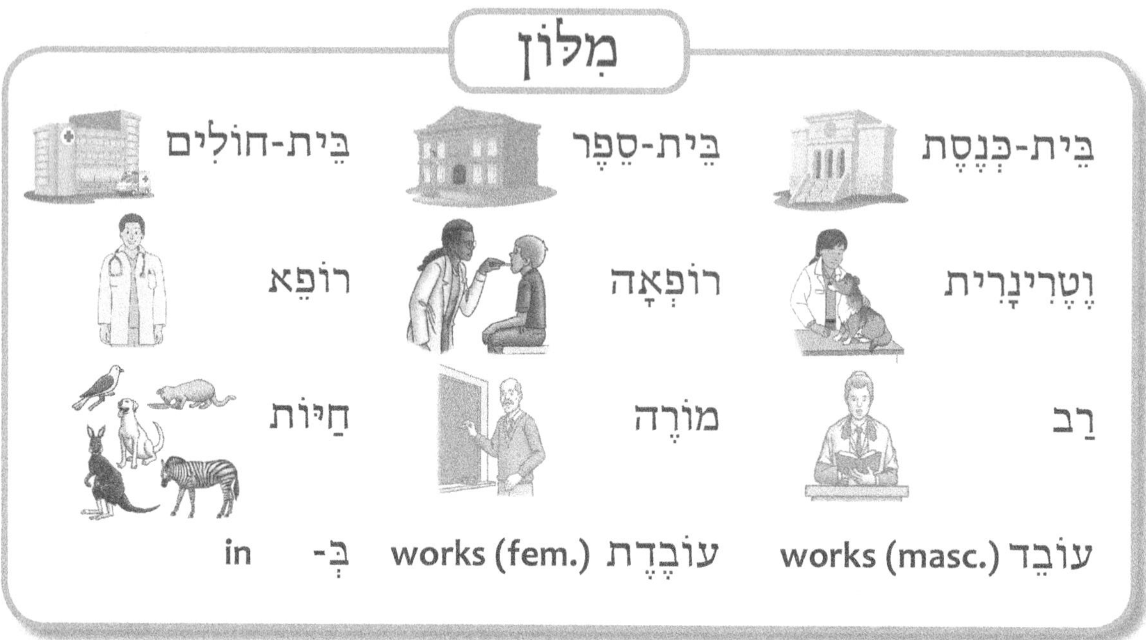

Fill in the missing word to make each sentence complete.

אַבְרָהָם מוֹרֶה. אַבְרָהָם ______________ בְּבֵית-סֵפֶר.

שָׂרָה רוֹפְאָה. שָׂרָה ______________ בְּבֵית-חוֹלִים.

יַעֲקֹב ______________ . יַעֲקֹב עוֹבֵד בְּבֵית-כְּנֶסֶת.

רִבְקָה ______________ . רִבְקָה רוֹפְאָה לְחַיּוֹת.

Create a group of six to ten people. Half write out one of the occupation words on an index card. The other half draw pictures representing each word. Shuffle the cards and turn them over. Each person takes a card. Find your match and stand next to each other. Each pair creates a sentence that includes their word and reads it out loud.

Hold Your Breath!

Read each line without taking a breath.

1. וּמִי דּוֹמֶה לָּךְ
2. אַתָּה גִּבּוֹר לְעוֹלָם אֲדֹנָי
3. וּמְקַיֵּם אֱמוּנָתוֹ לִישֵׁנֵי עָפָר
4. וְנֶאֱמָן אַתָּה לְהַחֲיוֹת הַכֹּל/מֵתִים
5. מְחַיֵּה הַכֹּל/מֵתִים בְּרַחֲמִים רַבִּים
6. מֶלֶךְ מֵמִית וּמְחַיֶּה וּמַצְמִיחַ יְשׁוּעָה
7. סוֹמֵךְ נוֹפְלִים וְרוֹפֵא חוֹלִים וּמַתִּיר אֲסוּרִים

Act It Out!

Count off 1-2-3-4-5 to create five groups. Each group writes one of the following Hebrew phrases on a card. Shuffle the cards. Each group selects a card and takes turns acting out the phrase for the class. The class should try to guess the phrases.

1. סוֹמֵךְ נוֹפְלִים supports the falling
2. רוֹפֵא חוֹלִים heals the sick
3. מַתִּיר אֲסוּרִים frees the captives
4. מַשִּׁיב הָרוּחַ causes the wind to blow
5. מוֹרִיד הַגָּשֶׁם causes the rain to fall

CHAPTER 12

קְדוּשָּׁה

Reading Reminders

The vowel ◌ְ in the words below makes a short "uh" sound. Practice reading the words.

לִבְנֵי וּמְחַיֶּה בִּשְׁמֵי מִמְּקוֹמוֹ וּלְנֵצַח וּמְקַיֵּם עִמְּךָ

◌ָ sometimes makes the וֹ sound. Practice reading the words.

כָּל כָּל וּבְכָל גָּדְלֶךָ חָפְשִׁי וּבְשָׁכְבְּךָ

Speed Reading

How many words can you read in one minute? Ask a partner to time you. If you make a mistake, your partner should try to correct you, then you read that word again and continue. Write down your score. Then time your partner's reading. Each person has three tries, starting with line 1 each time.

# of Words I Can Read in One Minute

1st Try	2nd Try	3rd Try
______	______	______

1. כְּשֵׁם יָמוּשׁ כַּכָּתוּב מְלֹא נְקַדֵּשׁ
2. לְעֵינֵי מִפִּינוּ נַקְדִּישׁ נְצָחִים הַלְלוּיָהּ
3. אֲדוֹנֵנוּ מוֹשִׁיעֵנוּ יַשְׁמִיעֵנוּ צְבָאוֹת שִׁמְךָ
4. בִּשְׁמֵי בְּרַחֲמָיו וְשַׁבְּחֵךְ קְדֻשָּׁתְךָ וּלְנֵצַח
5. גָּדְלֶךָ עֵינֶיךָ נְבִיאֶךָ מִמְּקוֹמוֹ שֶׁמַּקְדִּישִׁים

In Hebrew, how do you ask a boy his name? ____________ ____________

In Hebrew, how do you ask a girl her name? ____________ ____________

In Hebrew, practice asking two of your classmates their names. Write their names in Hebrew or English in the spaces below.

__________________________ __________________________

CHAPTER 13

בִּרְכַּת שָׁלוֹם

Picture Match

Connect each Hebrew word to its matching picture.

PEACE ALL AROUND

Hebrew words for "peace" are built on the root letters שׁ ל מ (whole, complete). Every time you see a "peace" word below, write the root שׁ ל מ above it. *Remember*: מ changes to ם at the end of a word.

1. שָׁלוֹם רָב עַל יִשְׂרָאֵל עַמְּךָ
2. עֹשֶׂה שָׁלוֹם בִּמְרוֹמָיו
3. וּפְרֹשׂ עָלֵינוּ סֻכַּת שְׁלוֹמֶךָ
4. בּוֹאִי בְשָׁלוֹם עֲטֶרֶת בַּעְלָהּ
5. בְּכָל עֵת וּבְכָל שָׁעָה בִּשְׁלוֹמֶךָ

Bonus: Circle the name of our homeland. Box the word to do with Sukkot.

Tic-Tac-Toe

Play Tic-Tac-Toe with a partner. Begin with the game on the right. Take turns reading a word. If you are correct, lightly write an X or an O in that box.

בָּרְכֵנוּ	שִׂים	וּצְדָקָה
וְחַיִּים	וְרַחֲמִים	טוֹבָה
עַמֶּךָ	בְּאוֹר	וְאַהֲבַת

וּבְרָכָה	וָחֶסֶד	בְּעֵינֶיךָ
חֵן	בִּשְׁלוֹמֶךָ	פָּנֶיךָ
הַמְבָרֵךְ	כְּאֶחָד	עַמְּךָ

Match It Up

Connect the Hebrew word to its English meaning.

kindness	1. חַיִּים
justice, righteousness	2. תּוֹרָה
life	3. בְּרָכָה
blessing	4. חֶסֶד
Torah	5. צְדָקָה
compassion, mercy	6. רַחֲמִים

CROSSWORD PUZZLE

בִּרְכַּת שָׁלוֹם asks God to grant us many gifts. These are also gifts that we can give each other. Use the words in "Match It Up" on page 55 to complete the crossword puzzle. First write the Hebrew words on the blank lines at the bottom. Do not use vowels in the puzzle. Two examples have been done for you.

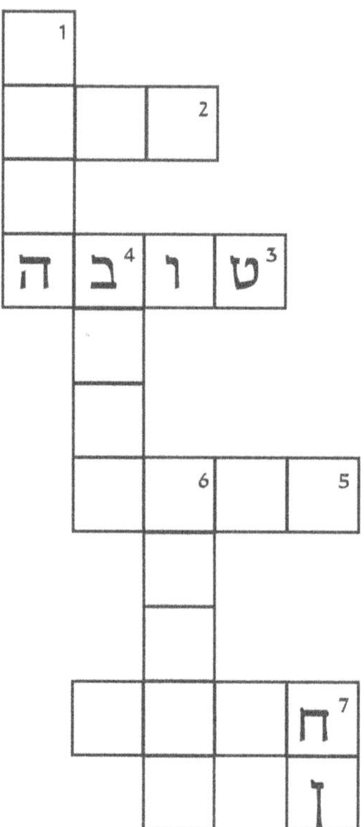

Across	Down
2. Kindness ______	1. Justice, righteousness ______
3. Goodness טוֹבָה	4. Blessing ______
5. Torah ______	6. Compassion ______
7. Life ______	7. Graciousness חֵן

Phrases on the Fly

Divide into groups of three, four, or five. The first member reads the first word on the line. The second member reads the second word, and so on. Then the group blends the phrase smoothly while drawing an arch in the air.

1. לְבָרֵךְ + אֶת-עַמְּךָ + יִשְׂרָאֵל = לְבָרֵךְ אֶת-עַמְּךָ יִשְׂרָאֵל

2. כִּי + בְּאוֹר + פָּנֶיךָ + נָתַתָּ + לָנוּ = כִּי בְּאוֹר פָּנֶיךָ נָתַתָּ לָנוּ

3. תּוֹרַת + חַיִּים + וְאַהֲבַת + חֶסֶד = תּוֹרַת חַיִּים וְאַהֲבַת חֶסֶד

4. כִּי + אַתָּה + הוּא + מֶלֶךְ + אָדוֹן = כִּי אַתָּה הוּא מֶלֶךְ אָדוֹן

How Are You?

Fill in the blanks to make each sentence correct.

 מַה שְׁלוֹמֵךְ?

 מַה שְׁלוֹמְךָ?

and -וְ	you (fem.) אַתְּ	you (masc.) אַתָּה
not good לֹא טוֹב	okay בְּסֵדֶר	good, thank you טוֹב, תּוֹדָה

שָׁלוֹם, רָחֵל. מַה _____ ?

טוֹב, תּוֹדָה, אָדָם. וְ _____ ?

שָׁלוֹם, אַבְרָהָם. מַה _____ ?

בְּסֵדֶר, לֵאָה. וְ _____ ?

Practice asking your classmates how they are, using the questions מַה שְׁלוֹמְךָ and מַה שְׁלוֹמֵךְ. Tell them how you are feeling when they ask you.

CHAPTER 14

אֵין כָּמוֹךָ/ אַב הָרַחֲמִים

ON YOUR MARK, GET SET...

The first runner reads the first word on the line. The second runner reads the first and second words, the third runner reads the first three words, and so on. The final runner reads the whole line.

1. עַם עַמּוֹ לְעַמּוֹ עַמִּים הָעַמִּים
2. מֶלֶךְ מָלָךְ יִמְלֹךְ מַלְכוּת מַלְכוּתְךָ
3. עֹשֶׂה עָשָׂה יַעֲשֶׂה מַעֲשֵׂה כְּמַעֲשֶׂיךָ
4. טוֹב טוֹבָה וּמֵטִיב הֵטִיב הֵטִיבָה
5. רְצֵה רָצָה רָצוֹן וּבְרָצוֹן בִּרְצוֹנְךָ

Scrambled Phrases

Number the words in the correct order to unscramble each phrase. Then connect the phrase to the picture that best matches it.

1. כָּל-עוֹלָמִים מַלְכוּת מַלְכוּתְךָ

2. בְּכָל-דֹּר וּמֶמְשַׁלְתְּךָ וָדֹר

3. לְעַמּוֹ יְיָ יִתֵּן עֹז

4. בַּשָּׁלוֹם יְבָרֵךְ יְיָ אֶת עַמּוֹ

Form two groups and face each other. Group 1 reads each word in the first part of the line. Then Group 2 blends the words into smooth phrases while drawing an arch through the air. Then switch, and Group 2 starts.

1. אַב + הָרַחֲמִים = אַב הָרַחֲמִים
2. מֶלֶךְ + אֵל + רָם + וְנִשָּׂא = מֶלֶךְ אֵל רָם וְנִשָּׂא
3. כִּי + בְךָ + לְבַד + בָּטָחְנוּ = כִּי בְךָ לְבַד בָּטָחְנוּ
4. תִּבְנֶה + חוֹמוֹת + יְרוּשָׁלָיִם = תִּבְנֶה חוֹמוֹת יְרוּשָׁלָיִם
5. הֵיטִיבָה + בִרְצוֹנְךָ + אֶת +צִיּוֹן = הֵיטִיבָה בִרְצוֹנְךָ אֶת צִיּוֹן

What's Missing?

Complete each phrase by writing in the missing word(s).
Choose from these words:

אַב　תִּבְנֶה　אֲדוֹן　יְרוּשָׁלָיִם　וְנִשָּׂא　רָם　צִיּוֹן

1. ________ הָרַחֲמִים הֵיטִיבָה בִרְצוֹנְךָ אֶת ________
2. ________ חוֹמוֹת ________
3. כִּי בְךָ לְבַד בָּטָחְנוּ מֶלֶךְ אֵל ________ ________
4. ________ עוֹלָמִים

CHAPTER

כִּי מִצִּיּוֹן/ בָּרוּךְ שֶׁנָּתַן/ שְׁמַע/ גַּדְּלוּ לַייָ/ לְךָ יְיָ

Team Take a Step!

Count off 1-2, 1-2, and so on, to form two teams. Line up with your team at a starting line. One or more members of Team 1 read the first phrase in column 1. If correct, together the team takes one giant step forward. One or more members of Team 2 then read the first phrase in column 2. If a team reads incorrectly, they stay where they are and reread the line. Play continues until all the lines have been read. Which team gets the farthest?

1

1. גָּדוֹל אֲדוֹנֵנוּ
2. בָּרוּךְ שֶׁנָּתַן תּוֹרָה
3. וּנְרוֹמְמָה שְׁמוֹ יַחְדָּו
4. כִּי מִצִּיּוֹן תֵּצֵא תוֹרָה
5. לְעַמּוֹ יִשְׂרָאֵל בִּקְדֻשָּׁתוֹ
6. לְךָ יְיָ הַגְּדֻלָּה וְהַגְּבוּרָה
7. כִּי כֹל בַּשָּׁמַיִם וּבָאָרֶץ
8. וּדְבַר-יְיָ מִירוּשָׁלָיִם
9. לְךָ יְיָ הַמַּמְלָכָה
10. קָדוֹשׁ שְׁמוֹ

2

1. קָדוֹשׁ שְׁמוֹ
2. לְךָ יְיָ הַמַּמְלָכָה
3. וּדְבַר-יְיָ מִירוּשָׁלָיִם
4. כִּי כֹל בַּשָּׁמַיִם וּבָאָרֶץ
5. וְהַתִּפְאֶרֶת וְהַנֵּצַח וְהַהוֹד
6. כִּי מִצִּיּוֹן תֵּצֵא תוֹרָה
7. וּנְרוֹמְמָה שְׁמוֹ יַחְדָּו
8. בָּרוּךְ שֶׁנָּתַן תּוֹרָה
9. גַּדְּלוּ לַייָ אִתִּי
10. גָּדוֹל אֲדוֹנֵנוּ

Holy Places, Holy Objects, Holy Time

Many words in the siddur are built on the root קדשׁ (holy).

Write the root. ______ ______ ______

Read aloud the words built on the root קדשׁ in the lines below.

1. קָדוֹשׁ קֹדֶשׁ קָדְשׁוֹ קָדְשְׁךָ
2. קִדּוּשׁ קַדִּישׁ קְדֻשָּׁה קְדֹשִׁים
3. קְדוּשַּׁת קִדַּשְׁתָּ וּקְדוֹשִׁים שֶׁמַּקְדִּישִׁים

Write the letters קדשׁ in the blank spaces in each word below. Then read the complete word.

Holy Ark	______ ______ ______	1. אֲרוֹן
holy land	______ ______ ______	2. אֶרֶץ הַ
holy city	______ ______ ______	3. עִיר הַ
holy language	______ ______ ______	4. לְשׁוֹן הַ
Holy Temple	______ ______ ______	5. בֵּית הַמִּ
Kiddush	______ וּ ______ ______	6.

WHERE ARE YOU FROM?

מִלּוֹן

rabbi	רַב	teacher (fem.)	מוֹרָה	(masc.)	מוֹרֶה
from	מִ, מֵ	my name is	שְׁמִי	I (am)	אֲנִי

שְׁמִי רַב דָּוִד.
אֲנִי מִירוּשָׁלַיִם.

שְׁמִי מוֹרָה רָחֵל.
אֲנִי מֵחֵיפָה.

שְׁמִי מוֹרֶה יִצְחָק.
אֲנִי מִטְּבֶרְיָה.

שְׁמִי שָׂרָה.
אֲנִי מִתֵּל-אָבִיב.

Fill in the blanks to identify where each person is from and circle that city on the map of יִשְׂרָאֵל. Then complete #5 to describe yourself.

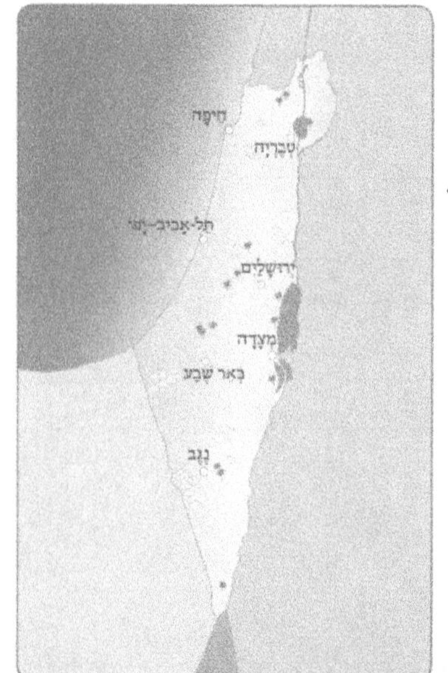

1. הָרַב דָּוִד מִ ____________________ .
2. מוֹרֶה יִצְחָק מִ ____________________ .
3. שָׂרָה מִ ____________________ .
4. מוֹרָה רָחֵל מֵ ____________________ .
5. שְׁמִי ______________ . אֲנִי מִ ______________ .

CHAPTER 16

בִּרְכוֹת הַתּוֹרָה

Going Up!

Practice for your עֲלִיָּה by climbing the steps of the בִּימָה, starting with line 1. Alternate reading lines with a partner until you can both read all of the lines smoothly. Once you have both successfully gone up to the בִּימָה, practice coming down by reading the lines in reverse starting with line 6.

עַל-פִּי יְיָ בְּיַד מֹשֶׁה 6
בָּרוּךְ אַתָּה יְיָ, נוֹתֵן הַתּוֹרָה 5
בָּרוּךְ יְיָ הַמְבֹרָךְ לְעוֹלָם וָעֶד 4
וְזֹאת הַתּוֹרָה אֲשֶׁר שָׂם מֹשֶׁה לִפְנֵי בְּנֵי יִשְׂרָאֵל 3
אֲשֶׁר בָּחַר בָּנוּ מִכָּל הָעַמִּים וְנָתַן לָנוּ אֶת תּוֹרָתוֹ 2
אֲשֶׁר נָתַן לָנוּ תּוֹרַת אֱמֶת, וְחַיֵּי עוֹלָם נָטַע בְּתוֹכֵנוּ 1

Stand up, shake your partner's hand, and congratulate each other with the traditional greetings:

יְיַשֵּׁר כֹּחַ!　　חֲזַק וּבָרוּךְ!

PEOPLE OF THE BOOK

The Hebrew name for each book in the Torah comes from its opening verse. The English words in the box tell us what the book is about. In the sentences below, circle the Hebrew name for each book *and* its English meaning.

1. בְּרֵאשִׁית	2. שְׁמוֹת	3. וַיִּקְרָא	4. בְּמִדְבַּר	5. דְּבָרִים
in the beginning	names	God called	in the desert	words

1. בְּרֵאשִׁית בָּרָא אֱלֹהִים אֵת הַשָּׁמַיִם וְאֵת הָאָרֶץ׃

"In the beginning, God created the heavens and the earth." Genesis 1:1

2. וְאֵלֶּה שְׁמוֹת בְּנֵי יִשְׂרָאֵל הַבָּאִים מִצְרָיְמָה....

"And these are the names of the Children of Israel who went to Egypt...." Exodus 1:1

3. וַיִּקְרָא אֶל־מֹשֶׁה וַיְדַבֵּר יְהוָֹה אֵלָיו מֵאֹהֶל מוֹעֵד לֵאמֹר׃

"God called Moses from the Tent of Meeting and said this to him." Leviticus 1:1

4. וַיְדַבֵּר יְהוָֹה אֶל־מֹשֶׁה בְּמִדְבַּר סִינַי בְּאֹהֶל מוֹעֵד....

"God spoke to Moses in the Sinai Desert, in the Tent of Meeting...." Numbers 1:1

5. אֵלֶּה הַדְּבָרִים אֲשֶׁר דִּבֶּר מֹשֶׁה אֶל־כָּל־יִשְׂרָאֵל....

"These are the words that Moses spoke to all Israel...." Deuteronomy 1:1

Five Books of Moses

Write the Hebrew name for each book of the Torah.

.1 בְּרֵאשִׁית 2. שְׁמוֹת 3. וַיִּקְרָא 4. בְּמִדְבַּר 5. דְּבָרִים

Leviticus   Exodus   Genesis

_____   _____

Deuteronomy   Numbers

_____   _____

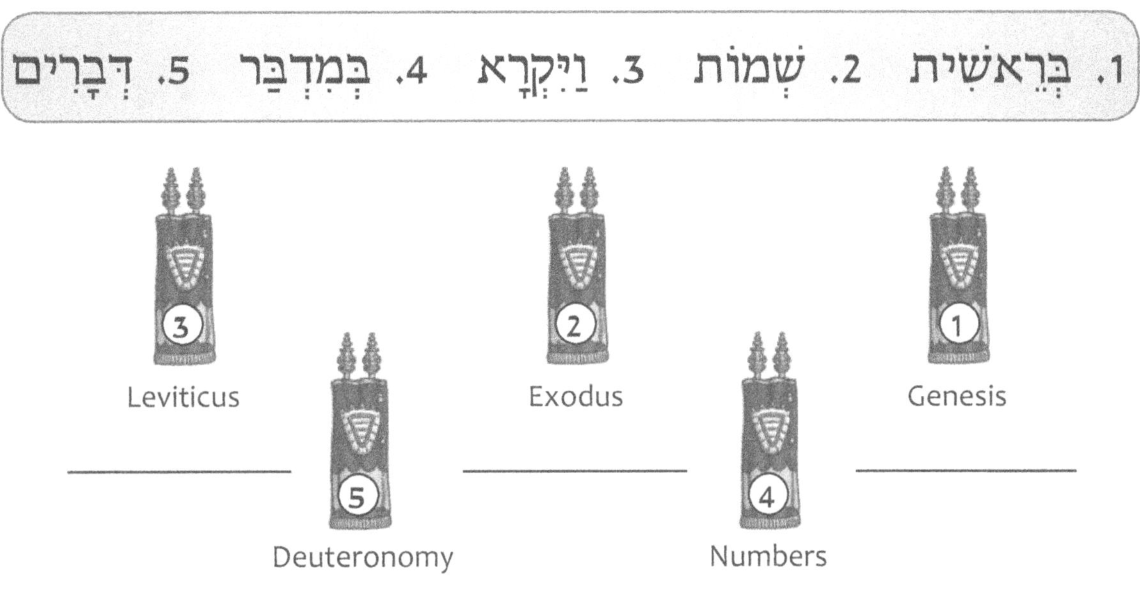

Word Search

Circle the Hebrew names for the Five Books of the Torah. The names can run from right to left or from top to bottom.

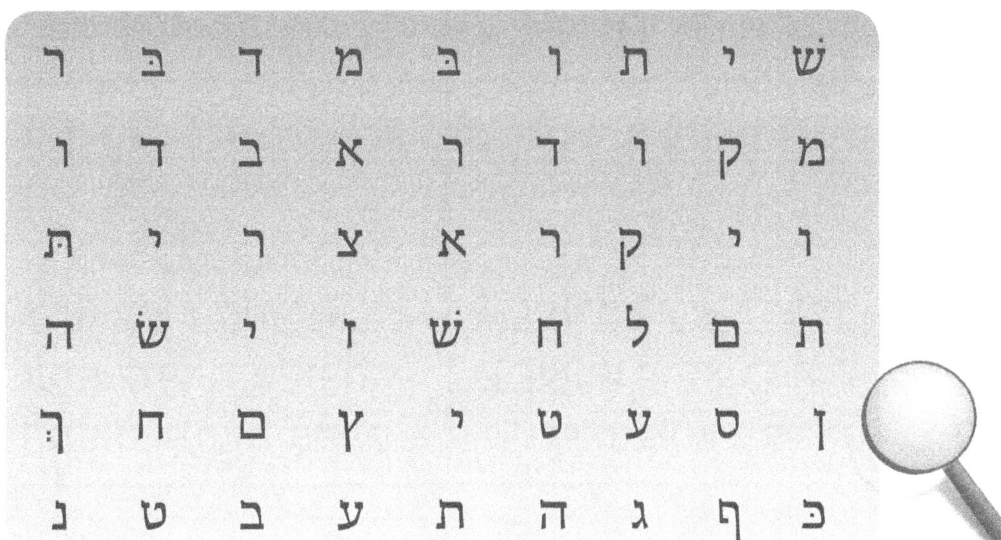

Picture That!

Check the sentence that describes each picture.

- ☐ אַבָּא קוֹרֵא בַּתּוֹרָה.
- ☐ הָרַב קוֹרֵא בַּסִּדּוּר.
- ☐ הָרַב קוֹרֵא בַּתּוֹרָה.

- ☐ אִמָּא קוֹרֵאת בַּתּוֹרָה.
- ☐ הַמּוֹרָה קוֹרֵאת בַּתּוֹרָה.
- ☐ הַמּוֹרָה קוֹרֵאת בַּסֵּפֶר.

- ☐ אַבָּא קוֹרֵא בַּתּוֹרָה.
- ☐ אִמָּא קוֹרֵאת בַּתּוֹרָה.
- ☐ הַמּוֹרָה קוֹרֵאת בַּסֵּפֶר.

- ☐ הָרַב קוֹרֵא בַּסִּדּוּר.
- ☐ אַבָּא קוֹרֵא בַּתּוֹרָה.
- ☐ הָרַב קוֹרֵא בַּסִּדּוּר.

Now choose any sentence. Act it out. The class must guess your sentence.

CHAPTER 17

בִּרְכוֹת הַהַפְטָרָה

Play Tic-Tac-Toe with a classmate. Begin with the game on the right. Take turns reading a word. If you are correct, lightly write an X or an O in that box.

הַנֶּאֱמָן	הַבּוֹחֵר	וּבִנְבִיאֵי
וְעֹשֶׂה	וְלִמְנוּחָה	בֶּאֱמֶת
בְּדִבְרֵיהֶם	וּבְיִשְׂרָאֵל	וּלְתִפְאָרֶת

לְכָבוֹד	וּבְמֹשֶׁה	לִקְדֻשָּׁה
דְּבָרָיו	הַנֶּאֱמָרִים	וּמְקַיֵּם
הַמְדַבֵּר	וּמְבָרְכִים	הַנְּבִיאִים

GROUP FACE-OFF

Form two groups and face each other. Group 1 reads each word in the first part of the line. Then Group 2 blends the words into smooth phrases while drawing an arch through the air. Then switch and Group 2 starts.

1. וּבִנְבִיאֵי + הָאֱמֶת + וָצֶדֶק = וּבִנְבִיאֵי הָאֱמֶת וָצֶדֶק
2. יִתְבָּרַךְ + שִׁמְךָ + בְּפִי + כָּל + חַי = יִתְבָּרַךְ שִׁמְךָ בְּפִי כָּל חַי
3. אֲשֶׁר + בָּחַר + בִּנְבִיאִים + טוֹבִים = אֲשֶׁר בָּחַר בִּנְבִיאִים טוֹבִים
4. הָאֵל + הַנֶּאֱמָן + הָאוֹמֵר + וְעֹשֶׂה = הָאֵל הַנֶּאֱמָן הָאוֹמֵר וְעֹשֶׂה
5. בְּדִבְרֵיהֶם + הַנֶּאֱמָרִים + בֶּאֱמֶת = בְּדִבְרֵיהֶם הַנֶּאֱמָרִים בֶּאֱמֶת

נְבִיאִים טוֹבִים

The הַפְטָרָה usually comes from one of the books of the Prophets. Match the Hebrew and English names below.

Samuel	1. יְשַׁעְיָה
Elijah	2. יִרְמְיָה
Amos	3. עָמוֹס
Jeremiah	4. הוֹשֵׁעַ
Deborah	5. מַלְאָכִי
Malachi	6. זְכַרְיָה
Hosea	7. דְּבוֹרָה
Isaiah	8. אֵלִיָּהוּ
Zechariah	9. שְׁמוּאֵל

Hooray for Holidays!

Read the list of special days on which the הַפְטָרָה is read. Count off 1-2, 1-2, and so on, to form two teams. Team 1 reads the odd numbers and Team 2 reads the even numbers. Then switch.

1. שַׁבָּת 2. רֹאשׁ הַשָּׁנָה 3. יוֹם כִּפּוּר

4. סֻכּוֹת 5. שִׂמְחַת תּוֹרָה 6. פֶּסַח

7. שָׁבוּעוֹת 8. תִּשְׁעָה בְּאָב

EARTH, SKY, WATER

מִלּוֹן

מַיִם   אֶרֶץ   שָׁמַיִם

דָּג   דּוֹלְפִין   צִפּוֹר

כּוֹכָבִים   יָרֵחַ   שֶׁמֶשׁ

חַיּוֹת   עֵץ

in the -בַּ   פְּרָחִים

Write the Hebrew words in the places in which they are found.

בַּמַיִם	בָּאָרֶץ	בַּשָׁמַיִם

Divide into two teams. On cards, write the Hebrew word for each object above. Shuffle the cards. The first member of Team 1 selects a card and must illustrate it while the rest of the team tries to guess the word in 60 seconds. If the team cannot guess the word, Team 2 can steal it by guessing it correctly. The team that collects the most cards is the winner.

Scrambled Phrases

Number the words in the correct order to unscramble each phrase. Then connect the phrase to the picture that best matches it. The first example has been done for you.

1. בַּתּוֹרָה (2) הַבּוֹחֵר (1)
2. עַבְדּוֹ וּבְמֹשֶׁה
3. עַמּוֹ וּבְיִשְׂרָאֵל
4. הַשַּׁבָּת יוֹם הַזֶּה וְעַל
5. שִׁמְךָ בְּפִי יִתְבָּרַךְ חַי כָּל
6. וְשָׁמַיִם עַל אֶרֶץ הוֹדוֹ
7. לַמַּחֲזִיקִים בָּהּ עֵץ חַיִּים הִיא
8. שָׁלוֹם נְתִיבוֹתֶיהָ וְכָל

CHAPTER 18

עָלֵינוּ

Reading Reminder 

ָ sometimes makes the וֹ sound. Practice reading these words.

כָּל   כְּכָל   בְּגָבְהֵי   חָפְשִׁי   קָדְשׁוֹ   קָדְשְׁךָ

Play this game with a partner. Take turns reading the Hebrew word in any box below. If you read the word correctly, lightly mark an X or an O in pencil in that box. The first to get four boxes in a row across, down, or diagonally is the winner.

כְּמִשְׁפְּחוֹת	נוֹטֶה	לָתֵת	לְשַׁבֵּחַ	שָׁם
בַּשָּׁמַיִם	וְצִוָּנוּ	כְּגוֹיֵי	יְקָרוֹ	וַהֲשֵׁבֹתָ
גְּדֻלָּה	כּוֹרְעִים	וְנֶאֱמַר	בְּגָבְהֵי	אֶפֶס
זוּלָתוֹ	וְיָדַעְתָּ	לְבָבֶךָ	וּשְׁכִינַת	וַהֲשֵׁבֹתָ
עָשָׂנוּ	עֻזּוֹ	וּמִשְׁתַּחֲוִים	בְּרֵאשִׁית	וַאֲנַחְנוּ

Announce Your Words

Eight students each choose a line and practice reading the words. Each student stands as he or she reads the line to the class. Then the class stands to read the line together.

1. שֶׁלֹּא שָׂם חֶלְקֵנוּ כָּהֶם

2. לִפְנֵי מֶלֶךְ מַלְכֵי הַמְּלָכִים

3. עָלֵינוּ לְשַׁבֵּחַ לַאֲדוֹן הַכֹּל

4. וּמוֹשַׁב יְקָרוֹ בַּשָּׁמַיִם מִמַּעַל

5. שֶׁלֹּא עָשָׂנוּ כְּגוֹיֵי הָאֲרָצוֹת

6. וּשְׁכִינַת עֻזּוֹ בְּגָבְהֵי מְרוֹמִים

7. לָתֵת גְּדֻלָּה לְיוֹצֵר בְּרֵאשִׁית

8. וַאֲנַחְנוּ כּוֹרְעִים וּמִשְׁתַּחֲוִים וּמוֹדִים

Cheers for the Scouts

As a class, read the cheer the צוֹפִים (Israeli scouts) sing out when they go hiking. Try reading it softly, then louder, louder, and louder!

הֵי וִיווֹ, הֵי וָווֹ, הֵי וִיווֹ וָווֹ ווּ, הֵי!

עֶפְטִי בֶּפְטִי בֶּלָע בֶּפְטִי,

שִׁינְגָלָה מִינְגָלָה לוּף, לוּף, לוּף!

Your Daily Planner: יוֹמָן

Write out your afternoon and evening schedule for every day of this week. **Hint**: You can find the English name of each day on page 57 of *Kol Yisrael 3*.

	יוֹם רִאשׁוֹן
	יוֹם שֵׁנִי
	יוֹם שְׁלִישִׁי
	יוֹם רְבִיעִי
	יוֹם חֲמִישִׁי
	יוֹם שִׁשִּׁי
	יוֹם שַׁבָּת

CHAPTER 19

קַדִּישׁ

On the Mark

Work in groups of three. One person reads the first line out loud, checks it off with a pencil, then passes the pencil to the next person. The second person reads the next line, checks it off, and so on. Repeat until everyone has read all the lines.

☐ 1. גָּדַל   גָּדוֹל   גַּדְּלוּ   יִתְגַּדַּל

☐ 2. בָּרוּךְ   בְּרִיךְ   יִתְבָּרַךְ   בִּרְכָתָא

☐ 3. מֶלֶךְ   וְיַמְלִיךְ   מַלְכוּת   מַלְכוּתֵהּ

☐ 4. חַי   בְּחַיֵּי   וּבְחַיֵּי   בְּחַיֵּיכוֹן

☐ 5. עוֹלָם   בָּעוֹלָם   וּלְעָלְמֵי   עָלְמַיָּא

A Piece of Peace

Most of the קַדִּישׁ is written in Aramaic, a language that is related to Hebrew. The Aramaic part of the קַדִּישׁ concludes with a prayer for peace.

יְהֵא שְׁלָמָא רַבָּא מִן שְׁמַיָּא

May there be great peace from heaven...

Circle the Aramaic word meaning "peace."

What is the root of the word? ______ ______ ______

The final lines of the קַדִּישׁ are a Hebrew prayer for peace.

עֹשֶׂה שָׁלוֹם בִּמְרוֹמָיו, הוּא יַעֲשֶׂה שָׁלוֹם עָלֵינוּ, וְעַל כָּל יִשְׂרָאֵל, וְאִמְרוּ: אָמֵן.

May God who makes peace in the heavens, make peace for us and for all Israel. And say: Amen.

Circle the Hebrew word meaning "peace." How many words did you circle? ____

Here are some other Hebrew words you may already know. Match each Hebrew word to its Aramaic "relative." Use the pictures and translations as clues.

Aramaic	Hebrew	Clue
אִמָּא	אָב	
אַבָּא	אֵם	
לָא	הַכֶּלֶב	
כַּלְבָּא	הַמַּיִם	
טַב	הַלֶּחֶם	
לַחְמָא	הָעוֹלָם	
מַיָּא	טוֹב	**good**
עָלְמָא	לֹא	**no**

Be a world-class linguist! Translate these sentences from Aramaic into Hebrew and English.

English	Hebrew	Aramaic
		לַחְמָא טַב.
		כַּלְבָּא לָא טַב.

IN THE WORKS

מִלּוֹן
בֵּית-כְּנֶסֶת
בֵּית-סֵפֶר
בֵּית-חוֹלִים
בֵּית-קָפֶה
רוֹפְאָה
אוֹכֵל/אוֹכֶלֶת
עוֹבֵד works (masc.)
עוֹבֶדֶת works (fem.)
בְּ- in

Fill in the missing Hebrew word to complete each sentence.

1. אָדָם בְּבֵית-קָפֶה. אָדָם ______________ לֶחֶם.
2. לֵאָה רוֹפְאָה. לֵאָה ______________ בְּבֵית-חוֹלִים.
3. דָּוִד רַב. דָּוִד עוֹבֵד בְּבֵית-______________.
4. שָׂרָה אוֹכֶלֶת גְּלִידָה. שָׂרָה בְּבֵית-______________.
5. רָחֵל מוֹרָה. רָחֵל ______________ בְּבֵית-סֵפֶר.

Play Concentration

With a partner, choose any Hebrew word above that you both know. One person writes the Hebrew word on a card and the other illustrates it on another card. The teacher collects all the pairs' cards, shuffles them, and turns them face down. Play Concentration as a class by matching the Hebrew words and their illustrations. The team with the most pairs of cards wins.

CHAPTER 20

אֵין כֵּאלֹהֵינוּ/ אֲדוֹן עוֹלָם

On the Mark

Work with a partner. Close your eyes as your partner lightly marks three words on the lines below in your book. Read the three words and then mark your partner's page. Repeat, using a different mark, until you have each read all the words.

1. אֱלֹהֵינוּ לֵאלֹהֵינוּ כֵּאלֹהֵינוּ כֵאלֹהֵינוּ
2. אֲדוֹנֵינוּ לַאדוֹנֵינוּ כַּאדוֹנֵינוּ כַאדוֹנֵינוּ
3. מַלְכֵּנוּ לְמַלְכֵּנוּ כְּמַלְכֵּנוּ כְמַלְכֵּנוּ
4. מוֹשִׁיעֵנוּ לְמוֹשִׁיעֵנוּ כְּמוֹשִׁיעֵנוּ כְמוֹשִׁיעֵנוּ

Poetic License

An acrostic is a poem or other piece of writing that spells out a new word by using the first letter of each verse. Some acrostic poems spell out the names of their authors. Others, like אֵין כֵּאלֹהֵינוּ, spell out a word or message.

Look at page 71 of *Kol Yisrael* 3. Fill in the first letter of every other line in the spaces below to find its secret message. *Remember*: נ becomes ן at the end of a word.

___ָ ___ֵ ___ ___ָרוּךְ ___ַתָּה

The biblical commentator Rashi explained that saying the response at the end of a blessing (אָמֵן) followed immediately by the first words of the next blessing (בָּרוּךְ אַתָּה) reminds us that our praises for God never end.

READING REBUS

Use this code to read the prayer.

Team Hold Your Breath!

Count off 1-2, 1-2, and so on, to form two teams. The first member of Team 1 reads the first phrase in column 1 without taking a breath. The first member of Team 2 then reads the first phrase in column 2 without taking a breath. The team scores a point for each phrase correctly read in a single breath. The team with the most points wins.
Variation: Read in pairs within your team.

1

1. וְהוּא הָיָה
2. וְהוּא יִהְיֶה
3. יְיָ לִי וְלֹא אִירָא
4. וְעִם רוּחִי גְּוִיָּתִי
5. לְבַדּוֹ יִמְלֹךְ נוֹרָא
6. אֲזַי מֶלֶךְ שְׁמוֹ נִקְרָא
7. וְצוּר חֶבְלִי בְּעֵת צָרָה
8. בְּטֶרֶם כָּל יְצִיר נִבְרָא
9. לְעֵת נַעֲשָׂה בְחֶפְצוֹ כֹּל
10. לְהַמְשִׁיל לוֹ לְהַחְבִּירָה
11. מְנָת כּוֹסִי בְּיוֹם אֶקְרָא

2

1. בְּתִפְאָרָה
2. וְהוּא הֹוֶה
3. וְלוֹ הָעֹז וְהַמִּשְׂרָה
4. בְּעֵת אִישַׁן וְאָעִירָה
5. בְּיָדוֹ אַפְקִיד רוּחִי
6. וְהוּא נִסִּי וּמָנוֹס לִי
7. וְאַחֲרֵי כִּכְלוֹת הַכֹּל
8. וְהוּא אֵלִי וְחַי גֹּאֲלִי
9. וְהוּא אֶחָד וְאֵין שֵׁנִי
10. אֲדוֹן עוֹלָם אֲשֶׁר מָלַךְ
11. בְּלִי רֵאשִׁית בְּלִי תַכְלִית

Hebrew is a funny language. In Hebrew:

מִי is who

and

הוּא is he

and

הִיא is she!

And a

דָּג is a fish!

Getting to Know You

Count off to create two teams. Take turns introducing yourselves to each other. Then ask who other members of the group are. Practice until you can introduce all the members of your group. Then take turns introducing members of your group to the other group.